2024

高 校
综合评价和强基

报 考 一 本 通

《高校综合评价和强基报考一本通》编写组　编著

（山东版）

济南出版社

图书在版编目（CIP）数据

高校综合评价和强基报考一本通 / 《高校综合评价
和强基报考一本通》编写组编著 . –– 济南：济南出版社，
2024.4

　ISBN 978-7-5488-6283-3

　Ⅰ.①高… Ⅱ.①高… Ⅲ.①高等学校 – 招生 – 介绍
– 中国 Ⅳ.① G647.32

　中国国家版本馆 CIP 数据核字 (2024) 第 062078 号

高校综合评价和强基报考一本通

GAOXIAO ZONGHE PINGJIA HE QIANGJI BAOKAO YIBENTONG

《高校综合评价和强基报考一本通》编写组　编著

出 版 人　谢金岭
责任编辑　尹利华　叶　子
装帧设计　博文书院

出版发行　济南出版社
地　　址　山东省济南市二环南路 1 号（250002）
总 编 室　0531-86131715
印　　刷　泰安市富蓉印刷有限公司
版　　次　2024 年 4 月第 1 版
印　　次　2024 年 4 月第 1 次印刷
开　　本　210mm×285mm　16 开
印　　张　16.75
字　　数　242 千字
书　　号　ISBN 978-7-5488-6283-3
定　　价　98.00 元

如有印装质量问题 请与出版社出版部联系调换
电话：0531-86131736

《高校综合评价和强基报考一本通》编写组

编 委 会

（以姓氏笔画为序）

马　愚　　王世法　　王金玉　　亓殿强　　车晓风

邢连超　　刘万强　　刘红星　　孙　玉　　孙建德

李长彬　　杨得望　　张　光　　张　妍　　张　蕾

张　霞　　张子辉　　张天德　　张世罡　　陈　磊

尚洪兵　　周传启　　赵　亮　　赵士刚　　赵宏梅

徐长棣　　高连顺　　崔雯雯

前　言

2022 年教育部工作要点指出，要深化改革扩大开放，持续为教育发展注入强大动力。深化高考综合改革，深化考试内容改革，健全德智体美劳全面考查的内容体系，加强对学生关键能力的考查。《国务院关于深化考试招生制度改革的实施意见》指出，要进一步扩大高校的自主权，探索基于参考综合素质评价的多元录取机制，增加高校招生录取的自主权。自 2020 年教育部发布《关于在部分高校开展基础学科招生改革试点工作的意见》，高校与中学如何衔接培养拔尖创新人才，成为高校和高中需要共同思考和面对的重大课题。从高中的综合素质评价、教学模式到高校人才选拔方式、培养模式都面临重大的挑战。

钱学森之问——为什么我们的学校总是培养不出杰出的人才——是关于中国教育事业发展的一道艰深命题，是整个教育界乃至全社会无法回避的一道难题，它需要所有人齐心协力共同破解。党的二十大报告强调，坚持科技是第一生产力、人才是第一资源、创新是第一动力，深入实施科教兴国战略、人才强国战略、创新驱动发展战略。普通高中教育是我国高级中等教育的主体，也是终身教育的重要组成部分，在人才培养尤其是拔尖创新人才培养方面起着下承初中上启大学的作用。因此，在普通高中开展研究拔尖创新人才培养方式的课题，无疑是目前深化教育改革的一个重要举措。教育部印发的《关于在部分高校开展基础学科招生改革试点工作的意见》中指出，强基计划主要选拔培养有志于服务国家重大战略需求且综合素质优秀或基础学科拔尖的学生，聚焦关乎国家重大战略需求的高端芯片与软件、智能科技、新材料、先进制造和国家安全等关键领域以及国家人才紧缺的人文社会科学领域。加强拔尖创新人才选拔培养，探索建立多维度考核学生的评价模式，逐步形成基础学科拔尖创新人才选拔培养的有效机制，重点破解基础学科领军人才短缺和长远发展的瓶颈问题，是实行人才强国的重要出路。

强基计划兼顾了高中阶段教育和高等阶段教育的有效衔接，尊重人才成长基本规律，打通了高等教育与基础教育在学科教学、培养模式等方面的壁垒，成为连通中学新课改、新高考改革的桥梁。强基计划评价考生的指标是多维度的，但录取标准并不会因多维度考核评价而降低。

根据强基计划选拔录取政策不难看出，高考成绩仍为重要指标，但不再是唯一指标：试点强基招生的高校，通过高考成绩 + 高校自主测试成绩（其中高考成绩所占比例不得低于 85%），加权后择优录取。"高校自主测试"，也称"校考"或"校测"。参加强基计划招生的考生，不仅需要优秀的高考成绩，还必须通过高校的自主测试，才能考入理想高校。

强基计划的入围标准决定了学科基础扎实、高考成绩优秀的学生，在报考强基计划过程中能把握主动权。一旦通过强基计划招生，被高校录取，学生的学科培养方向就相对固定。高校鼓励学生沿着学科方向纵深发展，所以更加需要从高中阶段就在学生心中埋下一颗对所学学科感兴趣及愿意服务国家发展战略的种子。此外，强基计划中约占 15% 权重的校考成绩，对学生的综合素养要求比较高，因此，在高中阶段，学校也更需要重视选修课的开设，为学生提供更多选择可能性，为学生多元发展奠定基础。

山东省教育厅《关于做好 2023 年普通本科高校综合评价招生试点工作的通知》指出："进一步完善考试评价体系。要着重考查学生的理想信念、兴趣特长、思维能力和创新潜质等，着力选拔培养德智体美劳全面发展的社会主义建设者和接班人。"

综合评价招生（简称"综招"或"综评"）是高考改革逐步推动后兴起的新型招生模式。该类招生最大的特点是基于考生高考成绩、高校综合测试成绩和高中学业水平测试成绩，按照一定比例计算形成考生综合总分，最后按照综合总分择优录取。

综合评价招生是对现行统一招生录取政策的一种重要补充，更加关注高校自身的培养特色和考生的全面素质发展。简单来说，综合评价招生就是一种侧重选拔综合素质全面、品学兼优的考生的招生模式，受到越来越多的优秀考生和家长的关注。

综合评价招生的优势主要体现在以下几点：

1. 选拔模式较合理

高校综合评价招生以"统考 + 综合素质"作为选拔模式，尽管考生的高考成绩在综合评价招生录取的结果上仍然占据着较大的比重，但是对于获得综合评价招生资格的考生而言，高考成绩不再是决定成败的唯一标准。

2. 增加学生进入名校的机会

综合评价招生实施院校不断壮大，不仅包括全国重点院校和中外合作院校，省属高校也有招生计划。并且在同一省份的综合评价招生中，高校层次分布较广，招生对象能够覆盖优等生和中等生。

3. 全面考虑学生素质

综合评价招生能充分考虑考生的禀赋差异、环境差异，可以对考生是否具备某一专业领域的综合素养进行全方位的判断，帮助考生找到自己最为擅长的专业领域，同时提升高校招生的精准性。

4. 高考双保险，提升录取成功率

如果考生在高考时发挥失常，在高考裸分不占优势的情况下，有可能凭借综合成绩冲进目标院校。

5. 增加学生阅历，提升能力

参加综合评价招生的考生需通过目标高校组织的笔试、面试等考核，还有些院校增加了体能测试。考核所需要的知识储备涉及较广，考生提前储备了这些知识，有利于提升个人素养和扩大知识面。

考生在目标高校、专业准备的过程中可以充分认识和了解报考目标，通过高校体验营、高校考核等机会和名校专家进行直接沟通交流，对自己今后的人生规划及发展有极大作用。

6. 增加综合素质优秀人才的录取机会

综合评价招生的招生条件一般包括综合成绩、综合素质、学科特长、社会实践等多个维度，考生满足某项或几项条件即可。

即使考生没有竞赛奖项也可报考，不同层次的考生均可尝试。

7. 降分效果较好

综合评价招生的成绩折算方式在多方成绩参考下，高考成绩被淡化。大多数院校的综招录取分数线都低于正常投档线，甚至有些院校降分超过70分。

8. 与其他特殊招生不冲突

考生可以同时报考强基计划招生、综合评价招生、高校专项招生，也可以报考同一院校的多个特殊招生考试。

9. 个别高校只能通过综合评价招生报考

有些高校目前在山东省只通过综合评价这种方式进行招生，比如南方科技大学、昆山杜克大学等，所以想报考这些高校的考生，必须通过综合评价招生这一渠道。

报考综合评价招生确实有很多好处，但并不意味着万无一失。

从辩证的角度看，其实综合评价招生也存在一些不足：

（1）综合评价招生未大面积面向全国，大多数院校还是仅面向本省招生。

（2）综合评价招生侧重考查考生的全面发展，虽然降低了对高考成绩的要求，但是竞赛奖项、荣誉证书等无形中也给考生增加了压力。

（3）降分效果虽很诱人，但是每年报名人数极多，录取人数却极少，竞争十分激烈。

（4）个别院校招生模式有诸多限制，比如限报条件较多或要求入学后不能转专业。

不论是强基计划招生还是综合评价招生，都是通往目标高校的一种途径，希望通过本书的介绍，让更多的考生受益。

赵亮

2024 年 3 月

目录

CONTENTS

第一章

综合评价招生
政策解读

第一节　新高考下的多元升学路径

现在，高考的路已经不止一条，高考综合改革下的升学通道已呈多元化，例如，以我国最顶尖大学的"双子星"——清华大学、北京大学来说，招生形式非常多样，除了全国统一高考之外，还有10多种其他特殊类型招生形式，主要包括：强基计划招生，国家专项计划招生，高校专项计划招生，保送生（包括：竞赛保送生、外语类保送生）招生，数学英才班招生，数学领军计划招生，物理卓越人才培养计划招生，等等。

据有关数据统计，2023年清华大学通过特殊类型招生，共录取1762人，占2023年全部总招生人数的50.31%。北京大学2023年通过特殊类型招生，共录取了1758人，占2023年全部总招生人数的58.25%。

从以上数据来看，清华大学和北京大学的特殊类型招生人数总规模，已经超过了其全国高考统一招生人数。这一现象说明，新高考下，多元升学路径已经逐渐形成主导地位，对于高中学校、教师、家长和考生来说，必须适应这一高考招生改革的总趋势。

下面对考生可选择的升学路径进行汇总。

01　全国统一高考

全国统一高考，即普通高等学校招生全国统一考试，是由教育部考试中心命题或相关省（区、市）自主命题，是我国普通高校招生选拔的主要方式。

除保送生、体育单招等升学路径以外，参加全国统一高考是本书所介绍的其他各项升学路径的前提和基础。

参加全国统一高考无特殊要求，考生进行高考报名、参加高考体检和高考统测，最后填报志愿即可。具体报考条件以高校招生章程为准。

02　综合评价招生

综合评价招生目前仅在部分高校试行，它与全国统一高考流程不同，高校会单独发布综合评价招生简章，考生按照招生简章要求进行网上申请报考。

综合评价招生会根据考生高考成绩、高中学业水平测试成绩、校考成绩等指标按照一定比例进行换算后，择优录取。

特殊要求：考生要经过网上报名、高考、参加目标高校组织的相关测试等流程。

招生录取流程：招生简章发布→网上报名→初审名单公布→参加高考→参加校考→拟录取名单公布→志愿填报。

★重要提醒：上海纽约大学、昆山杜克大学综合评价招生启动较早，准备报考相关高校综合评价招生的考生及家长应提前关注。

03　强基计划招生

强基计划是2020年开始实施的高校招生模式，主要选拔培养有志于服务国家重大战略需求且综合素质优秀或基础学科拔尖的学生，重点在数学、物理、化学、生物及历史、哲学、古文字学等相关专业招生。

目前强基计划试点高校共39所，考生参加统一高考和高校考核后，高校根据考生高考成绩、高校综合考核结果及综合素质评价情况等按比例合成考生综合成绩（其中高考成绩所占比例不得低于85%），择优录取。

特殊要求：强基计划招生与全国统一高考流程不同，高校单独发布强基计划招生简章，考生需要自行网上报名，同时考生需要参加学校单独组织的校考。

招生录取流程：招生简章发布→网上报名→参加高考→考生校考确认→高考出分→入围名单公布→参加校考→确定录取名单。

04 保送生

符合保送条件的学生经中学推荐，并通过高校测试合格后即可进入目标高校就读。根据教育部等有关部门规定，中学生学科奥林匹克竞赛国家集训队成员、部分外国语中学推荐优秀学生、公安英烈子女、退役运动员等人员仍具备高校保送资格。

05 三大专项计划

三大专项计划是面向农村和贫困地区学生招生的国家专项计划、地方专项计划和高校专项计划。

1. 国家专项计划

贫困地区定向招生专项计划又被称为"国家专项计划"，定向招收集中连片特殊困难县、国家级扶贫开发重点县以及新疆南疆四地州等地区学生，国家专项计划招生学校为中央部门所属高校和各省（区、市）所属重点高校。

2. 地方专项计划

地方重点高校招收农村学生的专项计划简称"地方专项计划"。地方专项计划定向招收各省（区、市）实施区域的农村学生，安排招生计划原则上不少于有关高校年度本科一批招生规模的3%。

3. 高校专项计划

高校专项计划也称"农村学生单独招生"。该专项计划主要招收边远、贫困、民族等地区县（含县级市）以下高中勤奋好学、成绩优良的农村学生，是国家为畅通农村和贫困地区学子纵向流动的渠道之一。

★重要提醒：根据教育部有关文件规定，从2023年起，往年被专项计划录取后放弃入学资格或退学的考生，不再具有专项计划报考资格。

06 少年班、少创班、英才班及数学领军计划等

少年班、少创班、清北英才班、北大物理卓越计划、清华数学领军计划、西湖大学创新班是面向低年级考生特有的一些招生方式。

目前进行少年班招生的有中国科学技术大学、西安交通大学、东南大学。

中国科学技术大学少年班和少创班招生对象是高二及以下学生，其中少创班对年龄要求低于少年班。

西安交通大学少年班招生对象是应届初中毕业生，一般在每年的 11 月或 12 月发布下一年的招生简章。

东南大学少年生招生对象是十六周岁以下在校高二（含）以下的理科学生，相比前两所学校招生，东南大学少年生每年招生人数比较少，2024 年招生总计划不超过 15 人。

清华大学丘成桐数学科学领军人才培养计划主要面向初三及高中学生招生，通过测试及预科培养的考生不用参加高考即可被清华大学录取，该项目 2021 年首次招生。

清华大学、北京大学数学英才班报名时间一般在每年 11 月底至 12 月底，主要招收有数学特长的高二、高三考生，考生只要通过选拔，就能降至一本线录取。

北京大学物理学科卓越人才培养计划（简称"北大物理卓越计划"）主要面向初三及高中的学生，自 2022 年起首次招生，被录取的学生无须参加高考即可被北京大学录取。

07 港澳高校招生

香港和澳门高校也是高考考生和家长关注的热点之一。自 2011 年起，部分港澳高校可在全国 31 个省（自治区、直辖市）招收自费生。内地考生必须符合有关赴港澳就读的规定且必须参加当年普通高等学校全国统一招生考试。大多港澳地区高校在内地实行自主招生，多数学校对考生高考成绩以及英语单科成绩有要求。

08 公费生招生

1. 公费师范生

公费师范生政策是 2018 年 8 月国家对免费师范生政策进行的调整优化。考生报考教育部六所直属师范大学（北京师范大学、华东师范大学、东北师范大学、华中师范大学、陕西师范大学、西南大学）之一后有条件地接受公费师范教育。

该类学生在校期间享受"两免一补"，即免去学费、住宿费，并发放生活补贴，但学生毕业以后必须到指定的中小学任教一定年限。

新《教育部直属师范大学师范生公费教育实施办法》将公费师范生履约任教服务年限从原来的10年调整为6年以上，同时，规定到城镇学校工作的公费师范生应到农村义务教育学校服务至少1年。

此外，山东考生还可以报考省属公费师范生，招生院校为山东省属师范类院校或含有师范类专业的院校。

2. 公费农科生

公费农科生在校学习期间免除学费、住宿费，并给予一定的生活补助。山东省的公费农科生所需经费由省财政按每生每年10000元的标准拨付高校。其中生活补助经费标准为每生每年4000元，学校按每人每月（共10个月，寒暑假除外）400元标准足额发放。根据经济发展水平和财力状况，逐步提高经费拨付标准和生活补助标准。

公费农科生应按协议就业，由相关部门根据协议规定落实工作岗位，有编有岗，违约者需承担相应责任。

3. 公费医学生

公费医学生是由国家或地方政府出资，重点为乡镇卫生院及以下的医疗卫生机构定向培养从事全科医疗卫生的人才。

公费医学生分5年制本科和3年制专科两种，以5年制本科为主，培养专业主要是临床医学和中医学。经过5年或3年的培养后，学生应按规定获得相应的学历、学位，不能正常毕业的学生要按规定退还已享受的减免教育费用。

报考公费医学定向招生计划的考生均须参加全国统一高考，公费本科医学生实行单列志愿、单设批次、单独划线，在提前批次录取。

符合以下条件的具有山东高中阶段学校学籍的毕业生均可报名参加公费生招生：

（1）热爱所报考专业及将来从事职业，品行良好，遵纪守法。

（2）通过山东省普通高等学校招生报名且夏季高考成绩不低于山东省规定的最低录取控制线。

（3）自愿承诺签订并履行公费生协议，其中公费师范生、公费医学生要保证毕业后在定向就业单位工作不少于6年，公费农科生要保证毕业后在定向就业单位工作不少于5年。

（4）身体健康。报考公费师范生、公费医学生要具备认定教师资格或医师资格的身体条件等。

09　飞行员招生

飞行员招生主要分为空军、海军及民航三类。空军和海军招收飞行学员，是军队院校招生和军官培训工作的一个组成部分。根据往年招生工作安排，一般会在每年9月份陆续公布飞行员招生简章。

1. 空军招飞

空军招收高中起点的飞行学员一般要经过初选、复选和定选三个选拔阶段。招收的高中生飞行学员进入空军航空大学后，实行3个月考察期，合格者取得学籍、军籍。具体采取军事高等教育（4年一贯制）和"3+1"军地联合培养两种模式。

招生录取流程：报名→初选→复选→高考→定选→志愿填报→录取。

2. 海军招飞

海军招收高中起点的飞行员一般要经过初检预选、全面检测、定选录取三级选拔。招收的高中生飞行学员进入海军航空大学学习，实行3个月考察期，合格者取得学籍、军籍。双学籍飞行学员在北京大学、清华大学和北京航空航天大学培养。

招生录取流程：推荐报名→初检预选→全面检测→定选→高考→审批录取。

3. 民航招飞

民航招飞即民用航空公司（如中国国际航空股份有限公司、中国东方航空股份有限公司、中国南方航空股份有限公司等）委托普通高校（如北京航空航天大学、南京航空航天大学、中国民航大学等）培养飞行学员，学习飞行技术专业。

招生录取流程：报名→初检面试→体检及飞行职业心理学检测→确认有效招飞申请→背景审查→填报系统信息→高考→志愿填报→录取。

10　军队（武警部队）院校和公安类院校招生

军队（武警部队）院校招生一般是指根据军队建设和人才需求，计划面向应届高中毕业生招收军事院校学生的招生模式。这类考生被录取后在校期间享受军人待遇，并计算军龄，毕业后直接面向军队（武警部队）安排工作，按照就业岗位的不同，分为指挥类和非指挥类两种。

公安院校招生是国家针对警察专业培养目标与选拔要求而设置的一种特殊招生模式。包括普通公安院校招生（含定向培养特殊公安专业人才招生）和现役公安院校招生。

特殊要求：这三类院校招生对考生年龄有明确限制。此外，上线的考生需要按照规定参加面试、体检和政治审核或体能测试等。

11 定向培养军士招生

定向培养军士就是我们以往所称的定向培养士官，是指通过直接从非军事部门招收军士的途径，经全国普通高校招生统一考试选拔，依托普通高等学校定向培养，毕业后直接补充到部队相应专业技术军士岗位服役的全日制高校学生。

也就是说，定向培养军士在入学时就确定了毕业后要到部队以军士身份服役。目前定向培养军士全部为高职（专科）学生。定向培养军士完成2.5学年相应课程且修满规定学分后，后0.5学年组织入伍实习，包括入伍训练和岗前培训，由招收部队负责。

定向培养军士入伍后享受学费补偿、国家助学贷款代偿。

2022年是军士制度实施后的首次定向培养军士招生年。从2012年的"定向培养直招士官"到2022年的"定向培养军士"，培养高校从2012年的11所发展到2022年的48所，招生省份也从最初的7个省增加到现在的17个省。

12 航海类专业招生

航海类专业主要包括航海技术、轮机工程和船舶电子电气工程三个专业。航海类专业主要设置于海事类院校。

航海类专业在报考方面有一些特殊要求，主要体现在：对身体条件要求极高，不适宜女生报考，只招少量女生。

13 艺术类专业招生

艺术类专业招生主要指高校使用省级招生机构组织的专业测试（市统测）成绩和（或）学校的专业测试成绩，结合高考成绩，择优为艺术类专业选拔人才的一种招生方式。

设置艺术类专业的高校有两类：独立设置的本科艺术院校和普通类高等学校。专业考试包括省级统考和校考两种形式。除专业考试外，艺术类考生还须参加全国统一高考，按艺术类专业录取规则录取。

14 高水平艺术团招生

高水平艺术团招生是指部分高校为活跃校园文化、丰富校园生活而招收具有艺术特长的考生。

考生参加校测合格后，可在高考中享受降分录取的优惠政策。报考高水平艺术团的考生，被高校录取后进入普通专业学习，并利用课余时间参加文艺排练和演出。

需要特别注意的是，艺术类专业招生和高水平艺术团招生是两种不同的招生类型，在报考专业、考核方式、录取标准等方面均不相同。

★重要提醒：教育部文件《关于进一步加强和改进普通高等学校艺术类专业考试招生工作的指导意见》明确了自2024年起，高校高水平艺术团不再从高校招生环节选拔，由相关高校从在校生中遴选培养。

15 体育类专业统招

符合普通高校招生报名条件且具有一定体育专长的考生，均可报考体育类专业统招。报考体育类专业统招的考生，一般须分别参加全省体育专业统考和全国统一高考。

通过体育类专业招生被录取的考生，入校后不得转入其他普通专业。

16 体育单招

体育单招是指经教育部、国家体育总局批准的部分高等院校可以对运动训练、武术与民族传统体育专业实行单独招生。

通过运动训练、武术与民族传统体育专业单报招生录取的考生，入校后按教育部有关规定不得转入其他普通专业。

特殊要求：参加体育单招的考生须符合高考报名条件，且获得规定项目二级运动员（含）以上运动技术等级资格。体育单招实行文化考试和体育专项考试相结合的办法。

如被招生院校体育单招录取，考生不得参加其他普通高等学校的招生，即不用再参加全国统一高考。

17 高水平运动队招生

高水平运动队招生是普通高校为了活跃校园生活，提高体育竞技水平，并满足奥运会、世界大学生运动会等重大体育比赛的组队需要而设置的招生方式。考生的报考科类为文科类或理科类，录取到高校后就读于文科类或理科类专业，在学习本专业的同时利用业余时间参加学校的体育训练。

招收高水平运动队的院校招生简章大多在 10 月中旬随各院校自主招生、保送生等招生信息同时发布，有报考意向的考生及家长应密切关注。

★重要提醒：教育部文件《关于进一步完善和规范高校高水平运动队考试招生工作的指导意见》明确了高水平运动队招生将进一步优化招生项目、提高成绩要求、严格报考条件、明确专业范围、改进考试方式。

18 民族班和少数民族预科班招生计划

民族班和少数民族预科班招生计划为指令性定向就业招生计划，都面向少数民族考生，考生都享受一定的降分录取政策。

两者不同主要在于：民族班不需要多读一年的预科，学制与正常的本专科相同。少数民族预科班是在正常的本科教学或者专科教学前，被录取考生要多读一年文化课，就读院校一般是被录取院校委托培养的其他院校。

特殊要求：报考民族班的考生不需要单独填报志愿，在同批次相关院校中正常录取。少数民族预科班录取是在相应批次院校录取结束后单独进行，考生需要单独填报少数民族预科班志愿。

19 定向招生

定向招生是指在招生时就明确考生毕业后的就业方向的招生办法，其目的是鼓励毕业生到农村及比较艰苦的地区工作。

定向的地区为内蒙古、广西、贵州、云南、西藏、甘肃、青海、宁夏、新疆9个省（自治区），国家重点建设项目中工作环境比较艰苦的单位也可定向。

定向生一般可以获得降分录取和减免学费的优惠。目前，多数高校已基本停止招收定向生，有定向生招生资格的高校招生人数也不得超过该校年度招生计划总规模的1%。

第二节 综合评价招生政策内涵

综合评价招生是新高考改革背景下，高校特殊招生的重要途径之一。进行综合评价招生的高校，以综合素质为主，综合考量考生的高考成绩、高校综合测试成绩、高中学业水平测试成绩、综合素质评价等方面的内容，对高考成绩达到分数要求的入选考生，综合评价，择优录取。

自2016年起，山东省在普通本科高校组织开展综合评价招生试点。山东省教育厅根据教育改革发展需要、高校条件优势和全省试点推进情况，在综合评价的基础上确定每年的试点高校。其中，首批确定开展综合评价招生试点的高校包括山东大学、中国海洋大学、中国石油大学（华东）、哈尔滨工业大学（威海）、青岛大学、山东师范大学、山东科技大学、青岛科技大学、山东财经大学9所本科高校。2017年，浙江大学加入山东省综合评价招生；2021年，华南理工大学也加入了山东省综合评价招生梯队。目前，共有11所高校成为山东省本科综合评价招生试点高校。

已经通过山东省当年夏季高考报名，并符合试点高校具体报考条件的考生，均可报考综合评价招生。考生须按照要求分别参加山东省夏季高考统一报名和试点高校综合评价招生报名，已通过保送、高职（专科）单独招生和综合评价招生被提前录取的考生，不得报名。

综合素质评价内容分为思想品德、学业水平、身心健康、艺术素养、劳动与社会实践五个方面。

高考成绩不再是综合评价招生录取的唯一决定因素，综评试点高校大多按照"631"模式（或者类似比例）进行招生工作，即高考成绩（折算成百分制）占综合成绩的60%，学校组织的能力测试成绩占30%（笔试和面试），高中学业成绩占10%（综合素质3%、高中学业水平测试成绩7%）。也有其他的比例模式，比如山东大学是高考成绩占85%。

高校考核目前采取的是笔试、面试等多种形式相结合的方式，考核一般安排在高考结束后，高考成绩出来之前，不同专业对应的笔试、面试的试题不同，具体看各高校的招生选拔特色。

综合评价招生主要招收成绩优异、综合素质全面发展的优秀考生，一般招生条件包括对高考成绩的要求、对校考成绩的要求、对体育成绩的要求。此外中外合作的高校对英语成绩有要求，部分高校对具有竞赛奖项的考生有特殊优待政策。

如何看待综合评价招生呢？

1. 综合评价招生可以增加考生考上名校的机会

对于综合素质优秀的学生来说，参加综招还是具有优势的。目前，越来越多的名校加入综合评价招生的行列中，一些综合素质较强的考生通过综合评价招生能够考上他们原本不够分数线的院校，实现自己的高考目标。

2. 各科成绩均衡发展的考生更适合

根据综合评价招生的要求，我们不难发现：对各科成绩都均衡且名列前茅，并且有一定的社会实践活动的考生来说，综合评价招生是一条通往心仪高校的"捷径"。

3. 高中阶段越早准备越有利

根据综合评价招生的要求，高中阶段期中期末考试成绩、高中学业水平测试成绩、高中阶段获得奖项、综合素质评价（社会实践活动）等，是高校考核的重点。因此，要想报考时能够交出一份漂亮的报名申请表，在高一、高二阶段就要好好准备。

4. 选拔模式更合理

尽管高考成绩在综合评价招生录取的结果上仍然占据着较大的比重，但是对于获得评价资格的考生而言，高考成绩不再是决定成败的唯一标准。

综合评价招生模式能充分考虑考生的禀赋差异和环境差异，对考生是否具备某一专业领域的综合素养进行全方位的判断，既帮助考生找到自己最为擅长的专业领域，又能够提升高校招生的精准性。

那么，作为一名普通高中生，如何在高中阶段做好报考综合评价招生的相关准备呢？

1. 高度重视文化成绩

尽管综合评价招生是考查学生综合素质的一种招生方式，但在其考核标准中，高考文化成绩依然占有重要的地位。从最近几年的综合评价招生改革趋势来看，各高校对文化成绩的要求也在不断提高。因此，考生如果想要顺利通过综合评价招生考入理想高校，就一定要高度重视文化课程的学习。

2. 积极参加课外活动

这里的课外活动是个广义的概念，不仅包括日常的艺术体育活动、社团活动、社会实践活动和探究性学习等，考生还一定要注重培养自己的学科特长，比如参加数学、物理、化学、语文、英语等各类学科竞赛。当然，参加的赛事，最好是教育部认定的权威比赛且符合目标高校综合评价招生的报考条件，这些都需要综合考虑。

3. 注重日常积累

综合评价招生考查的是考生整个高中阶段的综合素养情况，所以报名参加综合评价招生的考生要注重高中阶段的日常积累，做好相关规划。例如，高一时，注重参加一些实践活动，注意留存必要的证书、照片、视频等证明材料。高二时，注重参加各类学科竞赛。高三时，可以较为集中地补充一些社会实践或者研究性学习材料。总之，考生应当提前做好高中生涯规划，注重日常积累，储备综合评价招生需要用到的报名材料，做到有备无患。

第二章

高校综合评价招生
报考准备

第一节 综合评价招生适合的对象

山东省教育厅《关于做好 2023 年普通本科高校综合评价招生试点工作的通知》中提出：已经通过山东省夏季高考报名并符合试点高校具体报考条件的考生均可报考综合评价招生。考生须按照要求分别参加山东省夏季高考统一报名和试点高校综合评价招生报名，已通过保送、高职（专科）单独招生和综合评价招生被提前录取的考生，不得报名。

通知中同时也强调，在综合评价招生工作中，要树立正确育人导向，坚持宁缺毋滥原则，从促进学生健康发展、科学选拔人才、维护教育公平出发，进一步完善考试评价体系。要着重考查学生的理想信念、兴趣特长、思维能力和创新潜质等，着力选拔培养德智体美劳全面发展的社会主义建设者和接班人。

由此，参与综合评价招生试点的高校，对报名参加综合评价招生的考生提出了一些要求，一般来说，适合参加综合评价招生的考生需要具备以下几个条件。

1. 综合成绩优秀

考生综合成绩优秀是报考高校综合评价招生的前提条件。一方面，大多数高校都要求考生高考成绩达到本科第一批省最低控制分数线或特殊类型控制线；另一方面，部分高校对考生平时成绩有一定的要求，如《北京外国语大学 2023 年"一带一路"外语专业综合评价招生简章》中就要求考生高三第一学期期末（或最近一次模考）成绩在年级同科类排名前 10% 以内，并且语文和外语成绩均在同科类排名的前 10% 以内（北外生源基地校和省级示范校可适当放宽排名限制）。

2. 学业水平测试成绩合格

除了对综合成绩有要求以外，通常情况下，高校还会要求考生的高中学业水平测试选考科目全部合格且综合素质评价获得 A、B 等级。

3. 学科特长突出

尽管综合评价招生院校一般对考生竞赛奖项没有特殊要求，但如果考生有相关赛事（如理科五大学科竞赛、科创类竞赛、文科作文类竞赛等）获奖证书，则可以作为考生学科特长的证明，一般更容易受到高校的青睐。

（1）理科五大学科竞赛：全国中学生数学奥林匹克竞赛、全国中学生物理奥林匹克竞赛、全国中学生化学奥林匹克竞赛、全国中学生生物学奥林匹克竞赛、全国中学生信息学奥林匹克竞赛。多数高校认可五大学科竞赛省级三等奖及以上等级奖项，部分院校还认可省级初赛奖项。

（2）英语类竞赛：主要有"外研社杯"全国中学生外语素养大赛等。

（3）作文类赛事：主要有叶圣陶杯全国中学生新作文大赛、全国中学生科普科幻作文大赛、全国中学生创新作文大赛、"语文报杯·时代新人说"全国中学生征文大赛等。

（4）科创类竞赛：主要有全国青少年科技创新大赛、全国青少年无人机大赛、全国青少年人工智能创新挑战赛、全国青少年航天创新大赛等。

（5）其他类：部分高校认可以第一作者正式出版的文学专著或以第一发明人取得的发明专利（不含外观专利、实用新型专利）等。

4. 思想品德优秀

在思想品德方面表现突出的考生报考高校综合评价招生时会有一定优势，主要表现为：高中阶段获得地级市（含）以上优秀学生干部、优秀共青团员、三好学生等荣誉称号，或者高中阶段获得地级市（含）以上各种思想道德品质类奖励或荣誉。

5. 艺术、体育类特长突出

（1）艺术特长类：比如山东师范大学学前教育专业综合评价招生的报考条件之一就是要求考生在中学阶段获得全国中小学生艺术展演活动个人项目三等奖及以上；或中学阶段在省级教育部门举办的中学生艺术赛事中获得个人项目二等奖及以上；或获得音乐类、舞蹈类专业考级6级及以上证书。

（2）体育特长类：比如中国石油大学（华东）综合评价招生的报考条件之一就是要求考生有排球、篮球或乒乓球专项体育特长，获得相关项目国家二级及以上运动员证书（须提供国家体育总局"运动员技术等级综合管理系统"查询结果截图）。

6. 具备一定外语水平

部分中外合作的高校，会在综合评价招生时要求考生具备一定的英语水平或进行相关测试。比如上海纽约大学、昆山杜克大学等都对考生的外语成绩有较高的要求。

第二节　综合评价招生的报名材料

下表为考生在综合评价招生初审阶段应准备的报名材料。

序　号	材　料	具体要求
1	报名申请表	报名申请表包括考生个人情况、联系方式、中学就读信息、成绩情况、获奖情况、参与活动情况及志愿选择等，是考生个人情况的综合展示。
2	自荐信 / 个人陈述	大部分综合评价招生的高校要求考生准备自荐信 / 个人陈述，字数要求在 800～1500 字之间，个别高校还需要考生亲笔手写（含中英文双语手写），内容通常包括考生本人的申请理由、性格特点、爱好特长、报考专业相关学习研究经历、学习能力、未来规划等各方面情况。
3	高中阶段文化课成绩	高中阶段文化课成绩是指考生高一到高三上学期各阶段期末考试成绩。
4	高中学业水平测试成绩	学业水平测试成绩根据本省情况填写 A、B、C、D、E 或合格、不合格，请勿直接填写分数。
5	模考成绩	模考成绩是指高三阶段的几次模拟考试成绩。
6	推荐信	高校综合评价招生报名系统中会有专门的推荐信模板，推荐人按要求填写完成后，下载推荐信，再签字盖章，然后上传推荐信。推荐类别一般包括：中学（单位）推荐、社会团体推荐和专家个人推荐。
7	高中阶段获奖证书及证明材料	高中阶段获奖证书及证明材料一般包括高中阶段参加竞赛所获得的奖项证书等可以证明学科特长及创新潜质的材料。

（续表）

序　号	材　料	具体要求
8	其他可证明材料	其他可证明材料包括但不限于以下材料：社会实践活动材料、省级或市级三好学生证书、优秀班干部证书等可以反映学生综合素质发展情况的材料。
9	高校特殊要求提供的材料	除上述 8 种申请材料外，部分高校要求考生报名时提供其他的特殊材料，考生须按照高校招生简章要求准备。
特别注意：初审材料不仅决定考生能否入围校测，在面试环节也是重要参考！		

根据相关规定，山东省教育公共服务平台（鲁教云）上要求提交的高中生综合素质材料，是报考综合评价招生的必要条件。

山东省教育公共服务平台（鲁教云）上需提交的材料包括个人成绩信息、在校表现、典型事迹、社会实践、研学成果、赛事奖项、思想品德等综合素质表现情况。除此之外，在综合评价招生报名中，个别高校还有关于自荐信、推荐信的要求。现将在山东省教育公共服务平台（鲁教云）上进行综合素质评价信息填报的方式在本书中做分享。

1. 进入山东省教育公共服务平台（鲁教云），网址 www.sdei.edu.cn/home/html/shouye.html，点击登录窗口右下方"高中综评专用入口"进入"普通高中学生综合素质评价信息管理系统专用入口"进行登录。

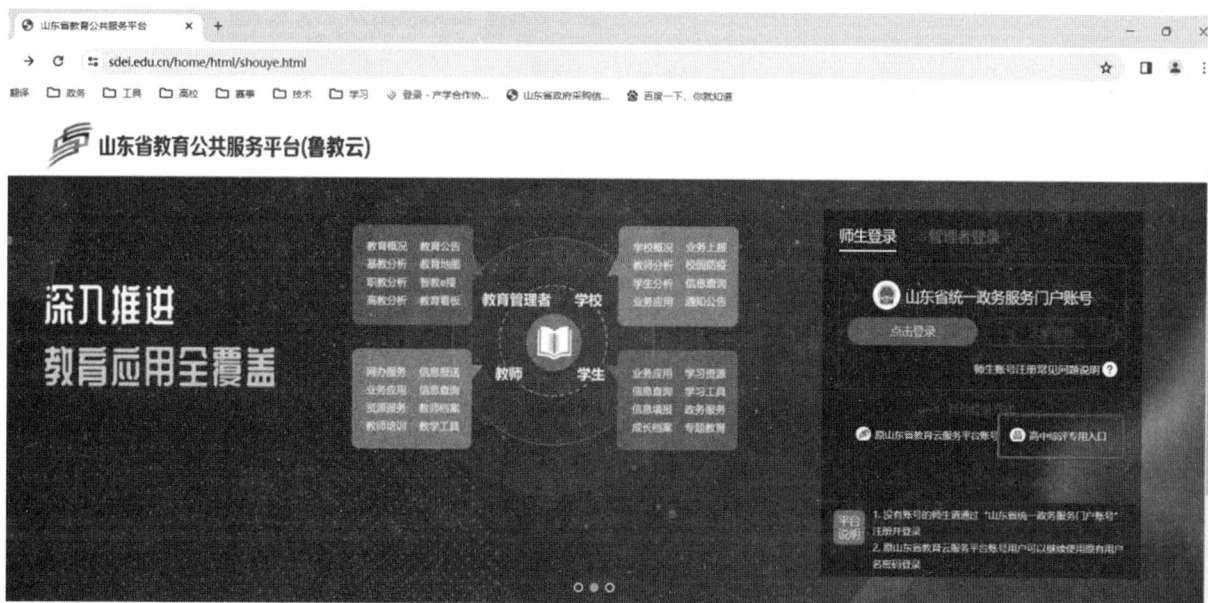

2. 进入"山东省普通高中学生综合素质评价信息管理系统"。

3. 点击左侧"点滴记录"填写自己的综合能力资料。

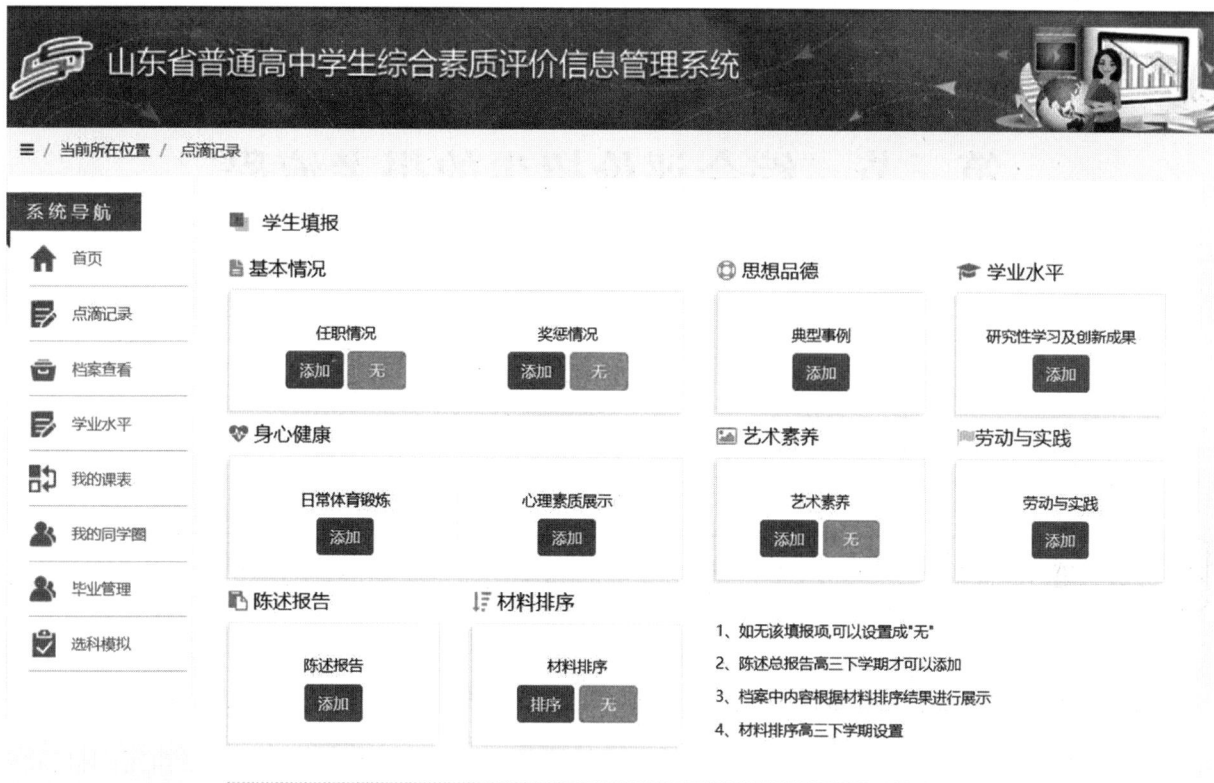

4. 点击左侧"档案查看"，查看自己填写信息的完整情况。

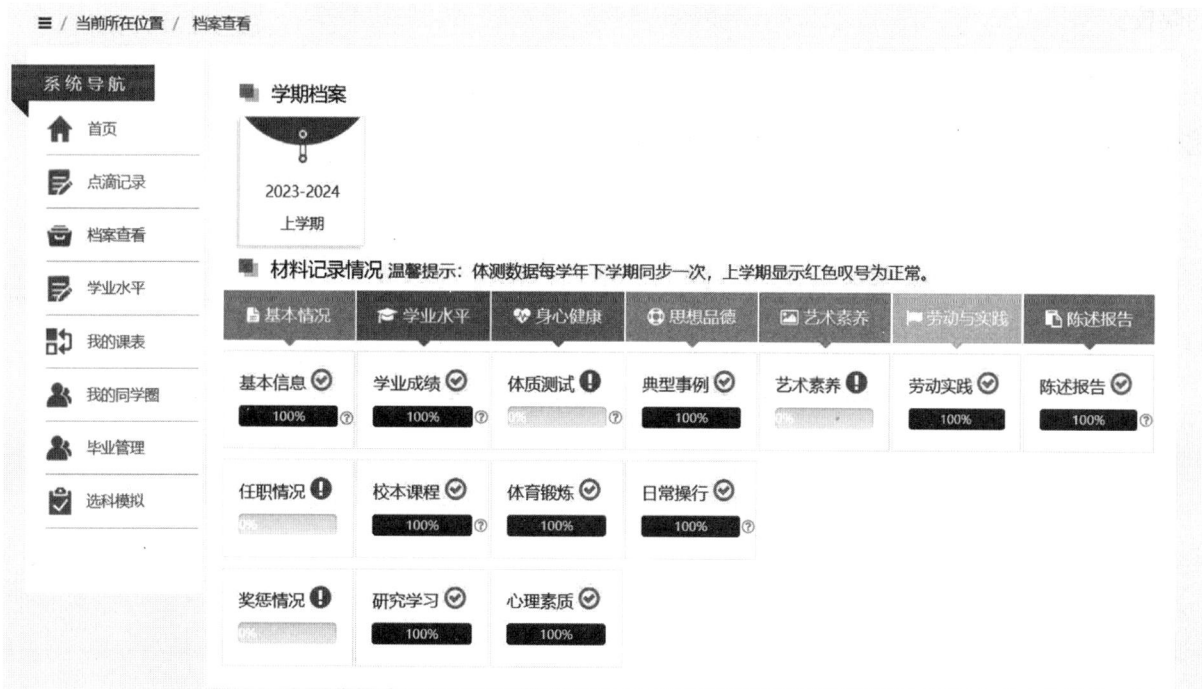

第三节　综合评价招生的报考流程

下图为山东省综合评价招生报考流程。

高校发布简章 ▶ 考生报名 ▶ 初审公示 ▶ 高考 ▶ 高校复试 ▶ 复试公示 ▶ 高考出分 ▶ 提前批填报志愿

从高三秋季学期开始，各综合评价招生院校陆续开始发布招生章程，每年4月底前大部分高校综合评价招生章程都已发布，同学们可以根据自己的情况，按照招生章程的要求，在指定的报名网站报名。初审通过后，会在6月份左右公示初审名单。通过初审的考生将于高考后参加综合评价复试。复试通过后，高校进行复试通过的名单公示。通过复试的考生有资格在提前批中报考综合评价招生的院校。

山东省一般在每年的6月25日左右发布高考成绩，在6月30日左右进行提前批综合评价招生院校的报考，7月13日左右，提前批录取结果开放查询。

第四节　综合评价招生赛事准备

在山东省进行综合评价招生的高校既有省内高校，也有省外高校。省外高校一般对于奖项赛事的要求没有严格的说明，省内高校在招生章程中都有相关的赛事奖项的要求。高中阶段，学生在紧张的学习之余，及时关注和参加一些高质量的赛事也是非常有必要的，尤其是可以参加教育部规定的全国中小学生竞赛白名单赛事。什么是"白名单赛事"？"白名单赛事"指的是教育部每年公布的面向 6~18 岁学生的竞赛活动。作为教育部认证的赛事，白名单赛事具有成熟的评价体系，更好地规范了 6~18 岁中小学学生赛事，同时也进一步提升了比赛含金量，获奖证书更具权威性。

根据教育部办公厅等四部门印发的《面向中小学生的全国性竞赛活动管理办法》的通知及《2022—2025 学年面向中小学生的全国性竞赛活动名单》，确定"全国青少年人工智能创新挑战赛"等 44 项竞赛活动为 2022—2025 学年面向中小学生的全国性竞赛活动，举办时间原则上为 2022 年 9 月至 2025 年 8 月，在此期间每学年举办不得超过 1 次，累计不超过 3 次。竞赛以及竞赛产生的结果不得作为中小学招生入学的依据和高考加分项目。

《2022—2025 学年面向中小学生的全国性竞赛活动名单》如下：

序号	竞赛名称	主办单位	竞赛面向学段
自然科学素养类			
1	全国青少年人工智能创新挑战赛	中国少年儿童发展服务中心	小学、初中、高中、中专、职高
2	全国中小学信息技术创新与实践大赛	中国人工智能学会	小学、初中、高中、中专、职高
3	世界机器人大会青少年机器人设计与信息素养大赛	中国电子学会	小学、初中、高中、中专、职高

（续表）

序号	竞赛名称	主办单位	竞赛面向学段
4	全国青少年科技教育成果展示大赛	中国下一代教育基金会	小学、初中、高中、中专、职高
5	全国青少年无人机大赛	中国航空学会	小学、初中、高中、中专、职高
6	全国青年科普创新实验暨作品大赛	中国科协	初中、高中、中专、职高
7	宋庆龄少年儿童发明奖	中国宋庆龄基金会、中国发明协会	小学、初中、高中、中专、职高
8	全国中学生天文知识竞赛	中国天文学会	初中、高中、中专、职高
9	"地球小博士"全国地理科普知识大赛	中国地理学会	高中
10	全国中学生水科技发明比赛	生态环境部宣传教育中心、水利部宣传教育中心	小学、初中、高中、中专、职高
11	全国中学生地球科学奥林匹克竞赛	中国地震学会、中国地球物理学会、中国灾害防御协会	高中
12	全国中学生数学奥林匹克竞赛	中国数学会	高中
13	全国中学生物理奥林匹克竞赛	中国物理学会	高中
14	全国中学生化学奥林匹克竞赛	中国化学会	高中
15	全国中学生生物学奥林匹克竞赛	中国植物学会、中国动物学会	高中
16	全国中学生信息学奥林匹克竞赛	中国计算机学会	高中
17	全国青少年科技创新大赛	中国科协	小学、初中、高中、中专、职高
18	全国青少年航天创新大赛	中国航天科技国际交流中心	小学、初中、高中、中专、职高
19	"北斗杯"全国青少年空天科技体验与创新大赛	中国科学院空天信息创新研究院、中国光华科技基金会	小学、初中、高中、中专、职高

（续表）

序号	竞赛名称	主办单位	竞赛面向学段
20	蓝桥杯全国软件和信息技术专业人才大赛	工业和信息化部人才交流中心	小学、初中、高中、中专、职高
21	丘成桐中学科学奖	清华大学	高中
22	全球发明大会中国区	中国友好和平发展基金会	小学、初中、高中、中专、职高
23	中国"芯"助力中国梦——全国青少年通信科技创新大赛	中国通信工业协会	小学、初中、高中、中专、职高
人文综合素养类			
24	全国青少年禁毒知识竞赛	中国禁毒基金会	小学、初中、高中、中专、职高
25	世界华人学生作文大赛	中华全国归国华侨联合会	高中
26	"外研社杯"全国中学生外语素养大赛	北京外国语大学	高中
27	叶圣陶杯全国中学生新作文大赛	中国当代文学研究会	高中
28	全国中学生科普科幻作文大赛	中国科普作家协会	高中、中专、职高
29	高中生创新能力大赛	中国老教授协会	高中
30	全国中学生创新作文大赛	中国写作学会	高中
31	"语文报杯·时代新人说"全国中学生征文大赛	中国语文报刊协会	高中、中专、职高
32	全国中学生环境保护优秀作文征集活动	中华环保联合会	高中、中专、职高
33	全国版图知识竞赛（中小学组）	自然资源部宣传教育中心	小学、初中、高中、中专、职高
34	全国青少年劳动技能与智能设计大赛	中国自动化学会	小学、初中、高中、中专、职高

（续表）

序号	竞赛名称	主办单位	竞赛面向学段
35	全国青少年文化遗产知识大赛	中国文物保护技术协会	小学、初中、高中、中专、职高
艺术体育类			
36	全国中小学生绘画书法作品比赛	中国儿童中心	小学、初中、高中、中专、职高
37	"我爱祖国海疆"全国青少年航海模型教育竞赛	中国航海模型运动协会	小学、初中、高中、中专、职高
38	"驾驭未来"全国青少年车辆模型教育竞赛	中国车辆模型运动协会	小学、初中、高中、中专、职高
39	全国青少年模拟飞行锦标赛	国家体育总局航空无线电模型运动管理中心	小学、初中、高中、中专、职高
40	"飞向北京·飞向太空"全国青少年航空航天模型教育竞赛活动	中国航空运动协会	小学、初中、高中、中专、职高
41	全国青少年传统体育项目比赛	中国青少年宫协会	小学、初中、高中
42	"致敬英雄"全国青少年文化艺术创作主题教育竞赛	中国少年儿童文化艺术基金会	小学、初中、高中、中专、职高
43	"希望颂"——全国青少年书画艺术大展	中国国际书画艺术研究会	小学、初中、高中、中专、职高
44	全国青少年音乐素养大赛	中国音乐文学学会	小学、初中、高中、中专、职高

从名单中不难看出，在 2022—2025 学年的竞赛活动名单中，自然科学素养类竞赛有 23 项、人文综合素养类竞赛有 12 项、艺术体育类竞赛有 9 项。与以前的名单相比，赛事发生了不少改变，比较突出的是——科技类赛事引领主流，自然科学素养类比赛数量增加，该类赛事总数达 23 项，占全部赛事的 52%，由此可见国家对科技教育的重视；赛事进一步向人工智能、科技创新等综合实践类比赛倾斜，比赛更注重创新思维及实践能力的培养，赛项内容非"纸上谈兵"，更注重贴合实际应用；竞赛年龄范围面向学段更广，扩展至小学、初中、高中、中专、职高。

为什么要参加白名单赛事？

1. 评估结果更具权威性

作为教育部认证的优秀竞赛，白名单赛事具有成熟的全方位评估标准，比一般学校的素质教育评估结果更具说服力。

2. 提高升学竞争力

从实际结果导向来考虑，这些竞赛结果能更好地帮助学生进入理想高校，对于学生未来的职业规划也大有裨益。各省市的中学及综合类院校将其作为自身招生的综合评价标准之一，对在机器人竞赛、青少年科技创新大赛中有突出成绩的学生重点关注，侧面突出学校对创新科技型人才的招揽。

3. 锻炼学生综合素养

参加比赛本身即是对学生的一种锻炼，也肯定了学生付出的努力和汗水，在与教练、队友、裁判、对手的交往接触中，学生能培养专业技能、交流能力、团队意识、抗挫力等综合素养。

从这些比赛中，可以看到随着创新时代的来临，国家对青少年的创新实践、运用信息技术等能力提出了新的要求。

当然，白名单赛事并不是参与综合评价招生的唯一标准，也鼓励有兴趣的中学生参与其他赛事。

第三章

综合评价招生
院校介绍

第一节　省内综合评价招生院校介绍

高校综合评价招生是选拔综合素质全面、品学兼优的优秀学生的一种方式。最终根据高考成绩、高校测试成绩、学考成绩等指标按照一定比例换算后，择优录取。实施院校层次广，从顶尖"985工程"大学到普通一本院校均有涉及。

山东省内综合评价招生高校有山东大学、中国海洋大学、哈尔滨工业大学（威海）、中国石油大学（华东）、青岛大学、山东师范大学、山东财经大学、山东科技大学、青岛科技大学9所。下面分别对这9所院校的学校概况、综合评价招生的专业及招生要求进行介绍。

01　山东大学

山东大学是一所在国内外具有重要影响的教育部直属重点综合性大学，2017年迈入国家"世界一流大学建设高校"（A类）行列，是国家"985工程""211工程"重点建设高校之一。

山东大学是中国近代高等教育起源性大学，前身是1901年创办的山东大学堂，是继京师大学堂之后中国创办的第二所国立大学。其医学学科起源于1864年，开启近代中国高等医学教育之先河。从诞生起，学校先后历经了山东大学堂、国立青岛大学、国立山东大学、山东大学以及由原山东大学、山东医科大学、山东工业大学三校合并组建的新山东大学等几个历史发展时期。

目前，山东大学总占地面积8000余亩，形成了一校三地（济南、威海、青岛）的办学格局。山东大学拥有博士学位授权一级学科44个，博士学位授权二级学科1个，硕士学位授权一级学科51个，本科招生专业93个，博士后科研流动站42个，涵盖除军事学以外的所有学科门类，是中国目前学科门类最齐全的大学之一，在综合性大学中具有代表性。

近年计划招生人数

山东大学近年综合评价计划招生人数	
年份	人数
2020	300
2021	300
2022	300
2023	300

招生计划及专业（2023）

专业组别	招生专业（类）	包含专业	招生计划	选考科目要求
1组	社会学类	社会学、社会工作、人类学	10	无
	公共管理类（青岛）	行政管理	10	无
	法学类（青岛）	法学	10	无
	新闻传播学类	新闻学	10	无
	汉语国际教育		10	无
	工商管理类	工商管理、会计学	10	无
	日语		10	无
	俄语（俄英双语）		10	无
	朝鲜语（朝英双语）		10	无
2组	材料类	材料科学与工程、材料成型及控制工程	20	物理
	机械类	机械设计制造及其自动化、智能制造工程	20	物理

（续表）

专业组别	招生专业（类）	包含专业	招生计划	选考科目要求
2组	土木类	土木、水利与海洋工程、工程力学	20	物理
	能源动力类	能源与动力工程、能源与环境系统工程、新能源科学与工程、储能科学与工程	20	物理
	自动化类	自动化、机器人工程	10	物理
	电气工程及其自动化		10	物理
	智能建造与智慧交通		10	物理
	计算机类（软件数媒与大数据方向）	软件工程、数字媒体技术、数据科学与大数据技术	10	物理
	计算机类（计算机与智能方向）（青岛）	计算机科学与技术、人工智能	10	物理
	电子信息类（微电子与电路集成方向）	微电子科学与工程、集成电路设计与集成系统	10	物理
	电子信息类（通信电子与光电方向）（青岛）	光电信息科学与工程、通信工程、电子科学与技术	10	物理
	网络空间安全（青岛）	可向密码科学与技术交流	10	物理
	临床医学（五年制）		10	物理+化学+生物
	药学类	药学、临床医药（五年制）	10	物理/化学/生物
	环境科学与工程类（青岛）	环境工程、环境科学	10	物理/化学/生物
3组	护理学		20	无

注1：考生只能报考其中一个组别的专业，最多可报6个专业志愿，并可选择是否服从专业调剂（同组内调剂）；根据生源情况，各专业招生计划可适当调整；最终招生专业及计划以山东省教育招生考试院公布为准。

注2：考生选考科目应符合所报专业（类）的选考科目要求，否则该专业志愿无效，"物理＋化学＋生物"表示三门均须选考，"物理／化学／生物"表示三门任选一门即可。

报名条件（2023）

通过 2023 年山东省普通高等学校招生全国统一考试（夏季高考）报名，满足以下条件的普通高中毕业生均可申请报名。

（1）思想品德表现良好、身心健康，具有学科特长、创新潜质，综合素质优秀、全面发展，高中三年参加不少于 10 个工作日的社区服务和 1 周社会实践，并完成不少于 6 学分的考察探究活动（研究性学习、研学旅行、野外考察等）；

（2）高中阶段历次期末考试及高考模拟考试中至少 4 次总成绩不低于总成绩满分的 75%；

（3）在德智体美劳等方面表现优异或具有突出学科特长（需提供获奖证书）。

录取条件（2023）

（1）获得学校综合评价招生资格且高考总成绩不低于山东省特殊类型招生控制线的考生，按照山东省教育招生考试院要求在提前批次填报志愿。报考第 3 组专业的考生入校后原则上不允许转入其他专业。

（2）考生填报专业志愿须与获得资格的专业组别保持一致，否则该专业志愿无效；考生若达不到报考专业录取线且专业不服从调剂将做退档处理。

分数折算（2023）

实行新高考后，山东各高校不再对学业水平考试成绩等级提出要求，合格即可，不再"唯分数论"；山东大学综合评价招生报名条件的第一条就指明，招收的是"具有学科特长、创新潜质，综合素质优秀、全面发展"的学生，表明该校对学生综合素质的考查成为重中之重。

山东大学按照进档考生的综合成绩和专业志愿分组别安排考生录取专业，专业分配时按照"分数优先"原则进行，各专业志愿之间无级差。若考生综合成绩相同，则依次比较学校考核成绩、高考语文加数学成绩、高考语文成绩、高考外语成绩，择优录取。综合成绩计算保留 3 位小数。

综合成绩 = 高考总成绩（换算成百分制）× 85% + 学校考核成绩（换算成百分制）× 15%。

2023 年山东大学综合评价招生考生的综合成绩中高考总成绩占比 85%，可见高考成绩仍十分重要，但综合评价招生这一入学形式依旧是进入山东大学的一条捷径。

假设，山东大学材料类专业在山东招生的本科批最低投档线为631分，对应综合评价招生中往年材料类专业所属组别录取最低分为82.6分，通过换算可得：

假设考生校测满分15分（换算后）的话，高考达到597分即可被录取，差值可达34分！

假设考生校测12分（换算后），高考达623分即可被录取，差值仍有8分！

山东省高考高分段竞争激烈，考生在校测中多争取分数，便可超过同位次考生一大截，尤其在报考重点高校时，综合评价招生这一入学形式具备绝对优势。

下附山东大学2023年普通类录取分数参考表。

山东大学普通类录取分数参考（2023）

年份	省市	科类	类型	专业	最高分	最低分	平均分	人数	一本线
2023	山东	综合改革	普通类	外国语言文学类	632	614	619.76	50	520
2023	山东	综合改革	普通类	公共管理类	627	617	621.4	15	520
2023	山东	综合改革	普通类	新闻传播学类	635	618	622.83	30	520
2023	山东	综合改革	普通类	建筑学（五年制）	630	619	621.92	12	520
2023	山东	综合改革	普通类	历史学类	642	620	625.66	35	520
2023	山东	综合改革	普通类	哲学类	632	620	624.67	12	520
2023	山东	综合改革	普通类	社会学类	629	620	624.2	15	520
2023	山东	综合改革	普通类	土木类	625	621	622.53	15	520
2023	山东	综合改革	普通类	环境科学与工程类	637	622	625	20	520
2023	山东	综合改革	普通类	管理科学与工程类	645	623	627.13	15	520
2023	山东	综合改革	普通类	工商管理类	639	623	627.23	70	520
2023	山东	综合改革	普通类	预防医学（五年制）	635	624	627.93	30	520

（续表）

年份	省市	科类	类型	专业	最高分	最低分	平均分	人数	一本线
2023	山东	综合改革	普通类	材料类	631	624	626.23	30	520
2023	山东	综合改革	普通类	化学类	651	625	629.5	50	520
2023	山东	综合改革	普通类	智能建造与智慧交通	633	625	627.14	35	520
2023	山东	综合改革	普通类	药学类	648	628	631.68	28	520
2023	山东	综合改革	普通类	能源动力类	642	628	630.85	60	520
2023	山东	综合改革	普通类	政治学类	643	629	632.55	20	520
2023	山东	综合改革	普通类	生物科学类	643	629	634.22	50	520
2023	山东	综合改革	普通类	机械类	636	629	631.93	60	520
2023	山东	综合改革	普通类	智能医学工程	642	631	633.75	20	520
2023	山东	综合改革	普通类	经济学类	646	632	636.65	80	520
2023	山东	综合改革	普通类	物理学类	657	633	636.59	80	520
2023	山东	综合改革	普通类	生物医学科学	643	635	638.5	8	520
2023	山东	综合改革	普通类	中国语言文学类	653	636	640.1	50	520
2023	山东	综合改革	普通类	网络空间安全	653	636	638.97	75	520
2023	山东	综合改革	普通类	自动化类	648	636	637.72	90	520
2023	山东	综合改革	普通类	生物医药数据科学	639	636	637.5	4	520
2023	山东	综合改革	普通类	电子信息类（微电子与电路集成方向）	647	637	638.7	70	520
2023	山东	综合改革	普通类	电子信息类（通信电子与光电方向）	648	638	640.45	135	520
2023	山东	综合改革	普通类	计算机类（软件数媒与大数据方向）	647	639	641.01	160	520
2023	山东	综合改革	普通类	法学类	654	641	644.4	50	520

（续表）

年份	省市	科类	类型	专业	最高分	最低分	平均分	人数	一本线
2023	山东	综合改革	普通类	电气工程及其自动化	652	642	644.97	100	520
2023	山东	综合改革	普通类	计算机类（计算机与智能方向）	655	645	647.02	120	520
2023	山东	综合改革	普通类	口腔医学（五年制）	653	646	648.8	20	520
2023	山东	综合改革	普通类	临床医学（五年制）	652	646	647.76	50	520
2023	山东	综合改革	普通类	临床医学（5+3一体化，儿科方向）	651	647	648.1	10	520
2023	山东	综合改革	普通类	数学类	665	648	651.31	70	520
2023	山东	综合改革	普通类	临床医学（5+3一体化）	664	652	655.72	90	520
2023	山东	综合改革	普通类	口腔医学（5+3一体化）	670	653	656.37	30	520
2023	山东	综合改革	普通类	临床医学（本博连读，齐鲁医学堂）	674	665	668.43	30	520

02 中国海洋大学

中国海洋大学位于山东省青岛市，是一所海洋和水产学科特色显著、学科门类齐全的教育部直属重点综合性大学，是国家"985工程"和"211工程"重点建设的高校，2017年9月入选国家"世界一流大学建设高校"（A类）。

中国海洋大学创建于1924年，历经私立青岛大学、国立青岛大学、国立山东大学、山东大学等办学时期，于1959年发展成为山东海洋学院，1960年被国家确定为全国13所重点综合性大学之一，1988年更名为青岛海洋大学，2002年更名为中国海洋大学。

学校有崂山校区、鱼山校区、浮山校区和西海岸校区4个校区，占地5200余亩，设有20个学院和1个基础教学中心。

学校的发展目标：到 2030 年，建成世界一流的综合性海洋大学；到本世纪中叶，建成特色显著的世界一流大学。

近年计划招生人数

中国海洋大学近年综合评价计划招生人数	
年份	人数
2020	40
2021	40
2022	50
2023	50

招生计划及专业（2023）

专业	招生计划	选考科目要求	分专业报考条件
水产养殖学	10	化学、生物（2 门科目，考生选择其中 1 门即可报考）	有强烈的专业兴趣，在生物学习方面表现优异或具有突出学科特长，欢迎在高中阶段曾获得全国中学生生物学联赛（省级赛区）三等奖（含）以上奖励考生积极报考
化学	10	化学（1 门科目，考生必须选考方可报考）	有强烈的专业兴趣，在化学学习方面表现优异或具有突出学科特长，欢迎在高中阶段曾获得中国化学奥林匹克竞赛（省级赛区）三等奖（含）以上奖励考生积极报考
德语	15	不提科目要求	有强烈的专业兴趣，在外语学习方面表现优异或具有突出学科特长，欢迎在高中阶段曾获得全国英语权威性赛事省级一等奖（含）以上奖励考生积极报考
日语	15		

注 1：考生需提供证明符合专业报考条件的相关支撑材料，其中学科奥林匹克竞赛证书落款单位为相应国家级学会，如：中国植物学会、中国动物学会、中国化学会；

注 2：学校可视生源情况对各专业计划进行适当调整；

注 3：每位考生只能选择一个专业报考且须符合专业选考科目要求；

注 4：综合评价招生各专业学费按照山东省物价管理部门要求执行。

报名条件（2023）

考生需同时符合以下报考条件：

（1）对于报考专业有强烈的学习兴趣与爱好，品学兼优、身心健康，且已经通过山东省2023年夏季高考报名的高中毕业生；

（2）山东省高中学业水平合格考试各科目成绩均达合格。

分数折算（2023）

中国海洋大学综合评价招生综合成绩构成：学校综合评价考核成绩（按满分100分折算）×15%+高考投档成绩（按满分100分折算）×85%。

综合成绩按四舍五入保留两位小数进行计算，综合成绩相同时，则依次比较与报考专业相对应科目的高考成绩、中国海洋大学综合评价考核成绩、高考投档成绩。

下附中国海洋大学2023年普通类录取分数参考表。

中国海洋大学普通类录取分数参考（2023）

年份	省市	科类	类型	专业	最低分	平均分	最高分	控制线
2023	山东	综合改革	普通类	法学	630	634	639	520
2023	山东	综合改革	普通类	计算机类	627	629	636	520
2023	山东	综合改革	普通类	电子信息类	624	625	632	520
2023	山东	综合改革	普通类	光电信息科学与工程	623	623	625	520
2023	山东	综合改革	普通类	海洋科学	623	625	635	520
2023	山东	综合改革	普通类	自动化	623	624	629	520
2023	山东	综合改革	普通类	会计学	622	626	634	520
2023	山东	综合改革	普通类	数学类	621	622	624	520
2023	山东	综合改革	普通类	海洋资源与环境	620	621	622	520

（续表）

年份	省市	科类	类型	专业	最低分	平均分	最高分	控制线
2023	山东	综合改革	普通类	财务管理	620	622	627	520
2023	山东	综合改革	普通类	汉语言文学	620	623	630	520
2023	山东	综合改革	普通类	机械设计制造及其自动化	620	621	624	520
2023	山东	综合改革	普通类	物理学	619	621	623	520
2023	山东	综合改革	普通类	经济学	618	620	626	520
2023	山东	综合改革	普通类	生物科学类	618	621	627	520
2023	山东	综合改革	普通类	海洋技术	618	620	623	520
2023	山东	综合改革	普通类	工业设计	617	618	618	520
2023	山东	综合改革	普通类	海洋资源开发技术	617	619	620	520
2023	山东	综合改革	普通类	金融学	617	619	621	520
2023	山东	综合改革	普通类	政治学与行政学	616	618	627	520
2023	山东	综合改革	普通类	船舶与海洋工程	616	617	622	520
2023	山东	综合改革	普通类	药学	616	619	629	520
2023	山东	综合改革	普通类	大气科学	616	618	625	520
2023	山东	综合改革	普通类	港口航道与海岸工程	614	616	623	520
2023	山东	综合改革	普通类	化学	613	617	622	520
2023	山东	综合改革	普通类	水产养殖学	612	618	623	520
2023	山东	综合改革	普通类	地球信息科学与技术	612	613	617	520
2023	山东	综合改革	普通类	海洋渔业科学与技术	612	614	616	520

（续表）

年份	省市	科类	类型	专业	最低分	平均分	最高分	控制线
2023	山东	综合改革	普通类	食品科学与工程类	612	616	625	520
2023	山东	综合改革	普通类	旅游管理	611	613	615	520
2023	山东	综合改革	普通类	英语	611	614	618	520
2023	山东	综合改革	普通类	化学工程与工艺	611	613	616	520
2023	山东	综合改革	普通类	环境工程	611	613	616	520
2023	山东	综合改革	普通类	工商管理	611	614	620	520
2023	山东	综合改革	普通类	行政管理	610	612	614	520
2023	山东	综合改革	普通类	材料类	610	612	617	520
2023	山东	综合改革	普通类	勘查技术与工程	610	611	615	520
2023	山东	综合改革	普通类	轮机工程	610	612	613	520
2023	山东	综合改革	普通类	新闻传播学类	610	612	618	520
2023	山东	综合改革	普通类	环境科学	609	612	615	520
2023	山东	综合改革	普通类	土木工程	609	610	611	520
2023	山东	综合改革	普通类	公共事业管理	608	609	610	520
2023	山东	综合改革	普通类	地质学	608	611	616	520
2023	山东	综合改革	普通类	市场营销	607	609	612	520
2023	山东	综合改革	普通类	日语	606	608	610	520
2023	山东	综合改革	普通类	国际经济与贸易	606	609	615	520
2023	山东	综合改革	普通类	电子商务	605	608	613	520
2023	山东	综合改革	普通类	工程管理	605	608	611	520

（续表）

年份	省市	科类	类型	专业	最低分	平均分	最高分	控制线
2023	山东	综合改革	普通类	德语	604	608	613	520
2023	山东	综合改革	普通类	物流管理	603	606	613	520
2023	山东	综合改革	普通类	法语	603	607	614	520
2023	山东	综合改革	普通类	朝鲜语	600	603	606	520

03　哈尔滨工业大学（威海）

哈尔滨工业大学是一所隶属于工业和信息化部的百年名校，是我国首批入选"985工程"重点建设的大学，中国"C9联盟"高校成员，"双一流"建设高校。哈尔滨工业大学威海校区坐落在美丽宜居的海滨城市威海，依山傍海的校园到处呈现着恬静博雅的气息，欧风俄韵的校园建筑与各式园林交相辉映，寓意着哈工大文化在威海的传承与创新。威海校区共享哈工大27个博士点和39个硕士点，单独设有海洋科学一级学科博士点、船舶与海洋工程一级学科硕士点。校区拥有山东省重点学科8个，山东省特色专业6个，船舶与海洋工程、车辆工程为国家级一流本科专业建设点，海洋科学一级学科入选山东省高水平学科建设。

近年计划招生人数

哈尔滨工业大学（威海）近年综合评价计划招生人数	
年份	人数
2020	130
2021	130
2022	130
2023	130

招生计划及专业（2023）

招生大类	所含专业	选考科目要求	招生计划
船舶与海洋工程	船舶与海洋工程	物理	30
土木工程	土木工程	物理	20
软件工程	软件工程、服务科学与工程	物理	10
工科试验班 （先进材料与智能制造类）	材料科学与工程、材料成型及控制、 焊接技术与工程	物理	40
生物工程	生物工程	物理	20
经济管理试验班	工商管理、国际经济与贸易、 会计学	不限	10

报名条件（2023）

通过山东省 2023 年夏季高考报名并同时满足以下条件的普通高中毕业生均可申请报名：

（1）热爱祖国、理想远大、身心健康、品学兼优、崇尚科学，具备创新潜质，高中三年参加不少于 10 个工作日的社区服务和 1 周社会实践，并完成不少于 6 学分的考察探究活动（研究性学习、研学旅行、野外考察等）。

（2）高中学业水平考试各科目成绩为合格。

（3）鼓励思想政治品德优秀，创新潜质突出，具有学科特长且获奖者积极报考。

分数折算（2023）

哈尔滨工业大学（威海）综合评价招生入围考生高考总成绩不得低于 2023 年山东省特殊类型招生控制线，对进档考生，按综合成绩（保留小数点后 6 位）从高分到低分进行排序，分专业录取。

综合成绩 = 夏季高考总成绩 × 100 / 750 × 85% + 学校考核成绩 ×15%

考生综合成绩相同时，则按单项顺序及分数高低排序，依次为统一高考成绩、与报考专业对应的选考科目等级考成绩、学校考核成绩。

哈尔滨工业大学（威海）综合评价招生入围最低分（2023）：

专业	入围最低分
土木工程	83
软件工程	83.67
经济管理试验班	87
生物工程	83.67
船舶与海洋工程	82.67
工科试验班（先进材料与智能制造类）	87.33

下附哈尔滨工业大学（威海）2023 年普通类录取分数参考表。

哈尔滨工业大学（威海）普通类录取分数参考（2023）

年份	省份	招生类别	招生专业／大类	最低分	最高分	平均分
2023	山东	物理＋	工科试验班（电气与自动化）	630	648	633
2023	山东	物理＋	工科试验班（计算机与电子通信）	632	657	635
2023	山东	物理＋	工科试验班（机器人与智能装备）	627	639	628
2023	山东	物理＋	软件工程	629	649	631
2023	山东	物理＋	数学类	627	635	628
2023	山东	物理＋	工科试验班（先进材料与智能制造类拔尖班）	643	649	645
2023	山东	物理＋	工科试验班（智能土木类拔尖班）	638	641	640
2023	山东	不限	英语	613	620	616
2023	山东	不限	经济管理试验班	622	632	625
2023	山东	中外合作	船舶与海洋工程（中外合作）	594	602	597
2023	山东	高校专项	船舶与海洋工程	600	614	607
2023	山东	高校专项	环境工程	601	612	606

04 中国石油大学（华东）

中国石油大学（华东）是教育部直属全国重点大学，是国家"211工程"和"985工程"重点建设高校，是高水平行业特色大学优质资源共享联盟成员高校，是"卓越工程师教育培养计划""111计划""国家建设高水平大学公派研究生项目"的行业特色型大学入选高校之一。中国石油大学（华东）是教育部和五大能源企业集团公司、教育部和山东省人民政府共建的高校，是石油、石化高层次人才培养的重要基地，被誉为"石油科技人才的摇篮"，已成为一所以工为主、石油石化特色鲜明、多学科协调发展的大学。

学校拥有矿产普查与勘探、油气井工程、油气田开发工程、化学工艺、油气储运工程等5个国家重点学科，以及地球探测与信息技术、工业催化等2个国家重点（培育）学科。工程学、化学、材料科学、地球科学、计算机科学、环境与生态学、社会科学总论、数学等8个学科领域进入ESI全球学科排名前1%，其中工程学、化学、地球科学进入ESI全球学科排名前1‰。地质资源与地质工程、石油与天然气工程2个一级学科入选国家"双一流"建设计划。

近年计划招生人数

中国石油大学（华东）近年综合评价计划招生人数	
年份	人数
2020	120
2021	120
2022	120
2023	120

招生计划及专业（2023）

序号	专业名称	选考科目要求	计划数
1	地球物理学	物理	3

（续表）

序号	专业名称	选考科目要求	计划数
2	地质学	物理和化学	3
3	勘查技术与工程	物理	5
4	资源勘查工程	物理和化学	5
5	船舶与海洋工程	物理	3
6	海洋油气工程	物理	3
7	石油工程	物理	12
8	化学工程与工艺	物理和化学	8
9	环境工程	物理和化学	3
10	机械类（智能装备工程）（含机械设计制造及其自动化、车辆工程、智能制造工程）	物理	10
11	土木工程	物理	3
12	油气储运工程	物理	6
13	材料类（含材料成型及控制工程、材料科学与工程、材料物理、材料化学、新能源材料与器件）	物理	14
14	过程装备与控制工程	物理	5
15	环保设备工程	物理	3
16	测绘工程	物理	3
17	地埋信息科学	物理	3
18	测控技术与仪器	物理	3
19	计算机科学与技术	物理	2
20	软件工程	物理	3
21	智能科学与技术	物理	2

（续表）

序号	专业名称	选考科目要求	计划数
22	数学类（含数学与应用数学、信息与计算科学）	物理	3
23	管理科学与工程类（含工程管理、信息管理与信息系统）	物理	3
24	经济学	物理或历史	2
25	俄语	不提科目要求	4
26	法学	不提科目要求	3
27	汉语言文学	不提科目要求	3

注1：根据生源情况，各专业招生计划可适当调整；

注2：考生的选考科目须满足各专业选考科目要求，否则将无法被录取；

注3：中国石油大学（华东）实行学分制收费，学生学费由专业注册费和学分学费两部分组成，合计大约6000元/学年（软件工程专业约12000元/学年），住宿费另计，具体以山东省发改委、教育厅批复通过收费标准以及学生实际修读学分为准。

2021年中国石油大学（华东）综招专业一共是18个，2022年增至23个，2023年增至27个。化学工程与工艺、环境工程、土木工程、材料类（含材料成型及控制工程、材料科学与工程、材料物理、材料化学、新能源材料与器件）、过程装备与控制工程、测控技术与仪器、计算机科学与技术、软件工程、智能科学与技术，这些专业在近两年新纳入了该校综合评价招生，考生及家长可对这方面的情况进行关注。

报名条件（2023）

身心健康，品学兼优，通过2023年全国普通高等学校招生全国统一考试（夏季高考）报名，高中学业水平合格考试各科目合格，高中三年参加不少于10个工作日的社区服务和1周社会实践，并完成不少于6学分的考察探究活动（研究性学习、研学旅行、野外考察等），相关学科领域才能表现突出的普通高中毕业生，同时满足报考条件之一：

（1）高中阶段获省级及以上优秀学生或优秀学生干部表彰的。

（2）高中阶段在以下竞赛中获得至少一项奖项的。

竞赛名称	主办单位	获奖等级要求
全国高中数学联赛	中国数学会	省级三等奖及以上
全国中学生物理竞赛	中国物理学会	省级三等奖及以上
中国化学奥林匹克	中国化学会	省级三等奖及以上
全国中学生生物联赛	中国动物学会、中国植物学会	省级三等奖及以上
全国青少年信息学奥林匹克竞赛	中国计算机学会	省级三等奖及以上
全国中学生地球科学奥林匹克竞赛	中国地震学会	省级二等奖及以上
叶圣陶杯全国中学生新作文大赛	中国当代文学研究会	全国决赛二等奖及以上
"外研社杯"全国中学生外语素养大赛	北京外国语大学	省级二等奖及以上
全国青少年科技创新大赛	中国科学技术协会	全国决赛三等奖及以上

（3）中国石油大学（华东）优秀生源基地等优质高中的学生，高中阶段历次期末考试及高考模拟考试中至少4次总成绩不低于总成绩满分的75%，并经所在中学校长推荐（须按模板要求提供推荐信，内容应包含成绩满足75%要求累计达到次数等信息）。

模板如下：

中国石油大学（华东）综合评价招生
校长推荐证明信

学生姓名		中学名称	
性 别		身份证号	
选考科目	□物理 □化学 □生物 □政治 □历史 □地理		
历次期末考试及模考情况			
考试学期	考试总成绩满分		考试总成绩
高一上期末			

（续表）

高一下期末		
高二上期末		
高二下期末		
高三上期末		
第一次模考		
累计期末考试及模考总次数		
（考试总成绩不低于总成绩满分的75%）次数		

推荐理由（简明扼要、突出重点）：

学校负责人（签名）： 学校公章

年 月 日

备注："考试满分"一般为750分或者1050分，如果本次考试不设置听力，则按实际满分调整。

（4）有器乐表演特长，并参加社会艺术水平考级获得九级及以上级别证书的（仅认可中国音乐家协会、中央音乐学院、上海音乐学院或中国音乐学院颁发）。其中长笛、长号、大号、大提琴、低音提琴、小提琴、中提琴、大管、单簧管、双簧管、小号、圆号等12个西洋管弦项目优先。

（5）有排球、篮球或乒乓球专项体育特长，获得相关项目国家二级及以上运动员证书的（须提供国家体育总局"运动员技术等级综合管理系统"查询结果截图）。

（6）在德、智、体、美、劳各方面均表现优秀且具有突出学科特长的（须提供客观、详尽支撑材料）。

分数折算（2023）

考生综合成绩由考生的高考投档成绩、学校考核成绩两部分构成，满分750分，具体计算公式如下：

考生综合成绩＝X×85%+Y×15%

其中，X代表高考投档成绩，Y代表学校考核成绩（满分值换算为750分）。

下附中国石油大学（华东）2023年普通类录取分数参考表。

中国石油大学（华东）普通类录取分数参考（2023）

年份	省市	科类	类型	专业	最低分	最低分排名	平均分	最高分	控制线
2023	山东	综合改革	普通生	俄语	590	31426	596.75	604	520
2023	山东	综合改革	普通生	市场营销	592	29958	595.33	600	520
2023	山东	综合改革	普通生	资源勘查工程	592	29958	593.27	595	520
2023	山东	综合改革	普通生	材料类	593	29216	595.48	603	520
2023	山东	综合改革	普通生	土木工程	594	28500	598	605	520
2023	山东	综合改革	普通生	化工安全工程	594	28500	596.6	600	520
2023	山东	综合改革	普通生	化学工程与工艺	595	27755	597.98	609	520
2023	山东	综合改革	普通生	环境工程	595	27755	597.6	603	520
2023	山东	综合改革	普通生	地质学	595	27755	596.29	599	520
2023	山东	综合改革	普通生	石油工程	596	27050	598.33	609	520
2023	山东	综合改革	普通生	管理科学与工程类	596	27050	598.3	602	520
2023	山东	综合改革	普通生	勘查技术与工程	596	27050	597.8	601	520
2023	山东	综合改革	普通生	油气储运工程	597	26361	600.55	608	520
2023	山东	综合改革	普通生	建筑环境与能源应用工程	597	26361	599.83	604	520
2023	山东	综合改革	普通生	测绘工程	597	26361	599	602	520
2023	山东	综合改革	普通生	建筑学	597	26361	599.1	601	520
2023	山东	综合改革	普通生	环保设备工程	597	26361	598	599	520
2023	山东	综合改革	普通生	英语	598	25680	600.92	609	520

（续表）

年份	省市	科类	类型	专业	最低分	最低分排名	平均分	最高分	控制线
2023	山东	综合改革	普通生	应用化学	598	25680	600.31	609	520
2023	山东	综合改革	普通生	海洋油气工程	598	25680	600.22	605	520
2023	山东	综合改革	普通生	船舶与海洋工程	600	24346	601.67	606	520
2023	山东	综合改革	普通生	地球物理学	600	24346	601.5	603	520
2023	山东	综合改革	普通生	机械类（智能装备工程）	601	23708	603.76	618	520
2023	山东	综合改革	普通生	经济学	601	23708	603.34	609	520
2023	山东	综合改革	普通生	化学	601	23708	602.8	605	520
2023	山东	综合改革	普通生	能源化学工程	601	23708	602	604	520
2023	山东	综合改革	普通生	安全工程	601	23708	602.5	604	520
2023	山东	综合改革	普通生	工程力学	601	23708	601.5	603	520
2023	山东	综合改革	普通生	过程装备与控制工程	602	23063	603.4	607	520
2023	山东	综合改革	普通生	工业设计	602	23063	602.89	604	520
2023	山东	综合改革	普通生	碳储科学与工程	603	22493	605.25	608	520
2023	山东	综合改革	普通生	地理信息科学	603	22493	605	607	520
2023	山东	综合改革	普通生	应用物理学	605	21260	607	610	520
2023	山东	综合改革	普通生	智能感知工程	605	21260	606.6	609	520
2023	山东	综合改革	普通生	储能科学与工程	605	21260	606.17	608	520
2023	山东	综合改革	普通生	会计学	606	20656	607.92	612	520
2023	山东	综合改革	普通生	测控技术与仪器	606	20656	607.5	609	520
2023	山东	综合改革	普通生	材料类（本研一体班）	607	20108	607.8	610	520
2023	山东	综合改革	普通生	数学类	608	19549	609.5	616	520

（续表）

年份	省市	科类	类型	专业	最低分	最低分排名	平均分	最高分	控制线
2023	山东	综合改革	普通生	能源与动力工程	608	19549	609	612	520
2023	山东	综合改革	普通生	汉语言文学	609	18997	611.2	617	520
2023	山东	综合改革	普通生	通信工程	609	18997	610.57	614	520
2023	山东	综合改革	普通生	智能科学与技术	610	18428	610.36	611	520
2023	山东	综合改革	普通生	新能源科学与工程	610	18428	610.17	611	520
2023	山东	综合改革	普通生	光电信息科学与工程	610	18428	610.5	611	520
2023	山东	综合改革	普通生	自动化	611	17860	613.28	622	520
2023	山东	综合改革	普通生	电气工程及其自动化	612	17313	614.98	622	520
2023	山东	综合改革	普通生	软件工程	612	17313	613.44	619	520
2023	山东	综合改革	普通生	数据科学与大数据技术	612	17313	612.76	615	520
2023	山东	综合改革	普通生	法学	613	16804	615	620	520
2023	山东	综合改革	普通生	电子信息工程	614	16332	615.64	621	520
2023	山东	综合改革	普通生	计算机科学与技术	617	14950	618.64	623	520

05 青岛大学

青岛大学是山东省重点建设高校、山东省和青岛市共建高校、山东省高水平大学和高水平学科建设高校。

学校办学历史可追溯至1909年创办的青岛特别高等专门学堂。1993年由原青岛大学、山东纺织工学院、青岛医学院、青岛师范专科学校等合并组建而成。

青岛大学现有浮山校区、金家岭校区、松山校区三个校区，占地2496亩，建筑面积112万平方米。学校风景秀丽、环境宜人，教学科研资源丰富，条件设施完备。学校设有34个学院和医学部，现有招生本科专业79个；一级学科博士点14个，博士专业学位类型3种；一级学科硕士点41个，硕士专业学位类型 28 种；博士后流动站 10 个；涵盖哲学、经济学、法学、教育学、文学、历史学、理学、工学、医学、管理学、艺术学、交叉学科等 12 个学科门类。

近年计划招生人数

青岛大学近年综合评价计划招生人数	
年份	人数
2020	240
2021	300
2022	150
2023	210

招生计划及专业（2023）

专业名称	招生计划	选考科目
历史学	20	历史必选
行政管理	30	不限
英语（语言大数据创新实验班）	20	不限
英语（上合英俄双语创新实验班）	20	不限
生物技术	30	物理、化学、生物选 1
金融学	30	物理必选
高分子材料与工程	30	化学必选
服装设计与工程	30	物理、化学选 1

报名条件（2023）

具有山东省 2023 年普通高等学校招生统一考试报名资格，品德优良，身心健康，综合素质较高，具有创新能力和培养潜质，有一定学科特长或特殊才能的应届普通高中毕业生；普通高中学业水平合格考试 10 门科目全部合格，高中三年参加不少于 10 个工作日的社区服务和 1 周社会实践，并完成不少于 6 学分的考察探究活动（研究性学习、研学旅行、野外考察等），完成规定的自主选修学分学习（以山东省普通高中学生综合素质档案为准）。符合以下条件之一者，均可申请报考：

（1）自然科学素养类竞赛：高中阶段个人独立在全国中小学信息技术创新与实践大赛、全国青年科普创新实验暨作品大赛、宋庆龄少年儿童发明奖、全国青少年科技创新大赛（不含展示类比赛）、全国青少年航天创新大赛、全国中学生地球科学奥林匹克竞赛、全国高中数学联赛（证书落款为：中国数学会）、全国中学生物理竞赛（证书落款为：中国物理学会）、中国化学奥林匹克竞赛（初赛）（证书落款为：中国化学会）、全国中学生生物学联赛（证书落款为：中国植物学会、中国动物学会）、全国青少年信息学奥林匹克联赛（证书落款为：中国计算机学会）中获得山东赛区决赛三等奖及以上，或全国青少年人工智能创新挑战赛获得全国决赛三等奖及以上。

（2）人文综合素养类竞赛：高中阶段个人独立在世界华人学生作文大赛、"外研社杯"全国中学生外语素养大赛（不含外卡赛）、高中生创新能力大赛、全国中学生创新作文大赛获得山东赛区决赛二等奖及以上，或叶圣陶杯全国中学生新作文大赛、"语文报杯·时代新人说"全国中学生征文大赛、全国中学生科普科幻作文大赛、全国中学生环境保护优秀作文征集活动获得全国决赛二等奖及以上。

（3）高中阶段获得省级及以上"优秀学生干部""优秀学生"等荣誉称号者。

注：高中阶段是指 2020 年 9 月—2023 年 6 月；个人独立是指获奖证书中只有报名考生一人署名，多人合作署名不予承认；各竞赛证书以竞赛全国组委会认定为准，未经竞赛全国组委会认定的竞赛证书不予承认。

分数折算（2023）

青岛大学综合评价录取批次为普通类提前批。对于进档考生，按照考生"综合成绩优先、遵循志愿"原则进行录取。若考生综合成绩相同时，则按高考文化成绩总分位次排序，排序靠前者优先录取。

2023年，青岛大学综合评价招生要求入围考生高考文化成绩不低于山东省特殊类型录取控制分数线。其中，填报服装设计与工程专业，高考文化成绩须达到山东省2023年普通类一段线且不低于山东省特殊类型批录取控制分数线下20分，填报英语专业要求高考英语成绩不低于120分。

青岛大学综合评价招生综合成绩计算办法：

考生综合成绩（满分750分）= 高考文化成绩（满分750分）×70%+ 复试成绩（满分750分）×30%（保留两位小数）。

录取情况（2023）

年份	省市	科类	类型	专业	最低分	最高分	备注
2023	山东	综合改革	综合评价	服装设计与工程	542.7	560.44	综合成绩
2023	山东	综合改革	综合评价	高分子材料与工程	548.01	589.06	综合成绩
2023	山东	综合改革	综合评价	行政管理	553.91	586.39	综合成绩
2023	山东	综合改革	综合评价	生物技术	556.19	586.91	综合成绩
2023	山东	综合改革	综合评价	英语（语言大数据创新实验班）	558.16	596.25	综合成绩
2023	山东	综合改革	综合评价	金融学	558.31	590.15	综合成绩
2023	山东	综合改革	综合评价	历史学	562.51	608.1	综合成绩
2023	山东	综合改革	综合评价	英语（上合英俄双语创新实验班）	566.7	593.25	综合成绩

下附青岛大学2023年普通类录取分数参考表。

青岛大学普通类录取分数参考（2023）

年份	省市	科类	类型	专业	最低分	最低分排名	平均分	最高分	控制线
2023	山东	综合改革	普通类	朝鲜语	540	89531	545.18	559	520
2023	山东	综合改革	普通类	德语	543	84768	555.5	568	520

年份	省市	科类	类型	专业	最低分	最低分排名	平均分	最高分	控制线
2023	山东	综合改革	普通类	法语	545	81543	554.23	566	520
2023	山东	综合改革	普通类	西班牙语	547	78878	554.85	562	520
2023	山东	综合改革	普通类	旅游管理	552	71271	557.78	565	520
2023	山东	综合改革	普通类	环境科学与工程	553	69857	557.28	565	520
2023	山东	综合改革	普通类	日语	557	65089	561.63	575	520
2023	山东	综合改革	普通类	经济学	557	63907	561.45	572	520
2023	山东	综合改革	普通类	金融学	558	62976	563.51	576	520
2023	山东	综合改革	普通类	物流管理	558	63107	562.13	570	520
2023	山东	综合改革	普通类	轻化工程	558	63905	559.44	564	520
2023	山东	综合改革	普通类	应用化学	560	60643	562.33	577	520
2023	山东	综合改革	普通类	护理学	560	60607	563.52	573	520
2023	山东	综合改革	普通类	化学工程与工艺	563	57027	566.2	575	520
2023	山东	综合改革	普通类	工商管理	563	56827	566.23	572	520
2023	山东	综合改革	普通类	应用化学（拔尖人才创新班）	564	55993	569.03	584	520
2023	山东	综合改革	普通类	应用物理学（拔尖人才创新班）	564	55388	568.17	579	520
2023	山东	综合改革	普通类	材料类	564	55444	567.3	577	520
2023	山东	综合改革	普通类	财政学	564	55486	566.45	572	520
2023	山东	综合改革	普通类	应用统计学	565	54567	567.63	586	520
2023	山东	综合改革	普通类	国际政治	565	54363	572	582	520
2023	山东	综合改革	普通类	工业设计	565	54244	567.48	574	520

（续表）

年份	省市	科类	类型	专业	最低分	最低分排名	平均分	最高分	控制线
2023	山东	综合改革	普通类	测控技术与仪器	565	54317	567.51	572	520
2023	山东	综合改革	普通类	食品科学与工程	566	53756	568.85	579	520
2023	山东	综合改革	普通类	生物技术	567	52838	570.04	584	520
2023	山东	综合改革	普通类	标准化工程	567	52396	570.05	577	520
2023	山东	综合改革	普通类	行政管理	568	51692	572.63	586	520
2023	山东	综合改革	普通类	应用心理学	568	51533	570.76	578	520
2023	山东	综合改革	普通类	数学与应用数学	568	50989	570.7	577	520
2023	山东	综合改革	普通类	信息管理与信息系统	568	51136	571.15	575	520
2023	山东	综合改革	普通类	机械工程（卓越创新班）	569	50708	571.85	587	520
2023	山东	综合改革	普通类	机械工程	569	50041	571.59	579	520
2023	山东	综合改革	普通类	智能制造工程	569	49859	570.74	576	520
2023	山东	综合改革	普通类	应用物理学	569	50175	571.14	575	520
2023	山东	综合改革	普通类	能源与动力工程	570	49321	571.61	577	520
2023	山东	综合改革	普通类	会计学	572	47459	575.44	587	520
2023	山东	综合改革	普通类	新闻学	572	47669	575.32	584	520
2023	山东	综合改革	普通类	机器人工程	572	46948	573.77	580	520
2023	山东	综合改革	普通类	预防医学（卓越创新班）	573	46133	579.57	601	520
2023	山东	综合改革	普通类	药学	573	46591	576.23	593	520
2023	山东	综合改革	普通类	微电子科学与工程	573	45769	574.95	584	520
2023	山东	综合改革	普通类	新能源科学与工程	573	46153	574.97	584	520

年份	省市	科类	类型	专业	最低分	最低分排名	平均分	最高分	控制线
2023	山东	综合改革	普通类	预防医学	573	46282	576.16	583	520
2023	山东	综合改革	普通类	光电信息科学与工程	574	45436	574.97	580	520
2023	山东	综合改革	普通类	数学与应用数学（拔尖人才创新班）	575	44401	577.77	591	520
2023	山东	综合改革	普通类	通信工程	576	42868	578.19	609	520
2023	山东	综合改革	普通类	自动化	577	42176	579.34	595	520
2023	山东	综合改革	普通类	英语	577	42147	580	585	520
2023	山东	综合改革	普通类	智能科学与技术	577	41834	578.49	584	520
2023	山东	综合改革	普通类	电子信息工程	579	39852	581.02	589	520
2023	山东	综合改革	普通类	电气工程及其自动化	580	38983	583.2	599	520
2023	山东	综合改革	普通类	医学检验技术	581	39282	584.8	605	520
2023	山东	综合改革	普通类	信息安全	581	38567	582.55	588	520
2023	山东	综合改革	普通类	汉语言文学	584	35788	586.76	601	520
2023	山东	综合改革	普通类	软件工程	585	35161	586.6	603	520
2023	山东	综合改革	普通类	法学	588	32325	592.83	608	520
2023	山东	综合改革	普通类	计算机科学与技术	589	31751	591.44	603	520
2023	山东	综合改革	普通类	医学影像学	596	26987	598.49	620	520
2023	山东	综合改革	普通类	临床医学	601	23399	606.38	624	520
2023	山东	综合改革	普通类	口腔医学	609	18833	612.31	633	520
2023	山东	综合改革	普通类	临床医学（5+3一体化，儿科）	610	17917	613	617	520
2023	山东	综合改革	普通类	临床医学（5+3一体化）	618	14387	624.33	645	520

06　山东师范大学

山东师范大学位于山东省济南市，是中华人民共和国教育部与山东省人民政府共建高校（省部共建大学）；"教育部人文社科重点研究基地""国家建设高水平大学公派研究生项目""教育部国培计划""卓越教师培养计划"入选院校；山东省省属重点大学。

山东师范大学现有 22 个学院（部），67 个招生本科专业，13 个博士后科研流动站，14 个博士学位授权一级学科、2 个博士专业学位授权点、32 个硕士学位授权一级学科、23 个专业学位授权点，覆盖十大学科门类，学科、专业学位数量居省属高校前列。有 1 个国家重点学科、1 个国家重点（培育）学科。9 个学科进入基本科学指标数据库（ESI）学科排名前 1%。6 个学科进入山东省高水平学科建设行列，其中 2 个学科入选"高峰学科"建设项目；另有 1 个学科入围山东省高水平学科培育学科建设行列。24 个学科上榜 2023 软科中国最好学科排名，其中 3 个学科居省内第一，6 个学科列省属高校第一。在全球自然指数排行榜中，连续 7 年名列山东省属高校第一，2023 年列中国内地高校第 52 位。学校有 9 个国家级特色专业建设点、40 个国家级一流本科专业建设点、11 个山东省一流本科专业建设点，6 个专业（群）获批山东省高水平应用型立项建设重点专业（群），2 个专业（群）获批山东省教育服务新旧动能转换专业对接产业项目，11 个专业通过师范类专业二级认证。

近年计划招生人数

山东师范大学近年综合评价计划招生人数	
年份	人数
2020	330
2021	350
2022	330
2023	380

招生计划及专业（2023）

计划类型	学院	招生专业	招生计划	选考科目要求
卓越教师星辰计划	教育学部	学前教育	30	不提科目要求
		教育技术学	30	不提科目要求
	外国语学院	英语（双语双科）	30	不提科目要求
东岳学堂计划	马克思主义学院	中国共产党历史（党史党建人才卓越班）	20	思想政治（1门科目考生必须选考方可报考）
	文学院	汉语言文学（文化创意产业人才卓越班）	30	不提科目要求
	新闻与传媒学院	新闻学（播音主持人才卓越班）	20	不提科目要求
	历史文化学院	世界史（国际人才卓越班）	30	历史、地理（2门科目考生选考其中1门即可报考）
	地理与环境学院	环境科学（现代化环境治理与监管人才卓越班）	30	物理、化学、生物（3门科目考生选考其中1门即可报考）
	商学院	旅游管理（旅游规划开发与产业运营人才卓越班）	30	不提科目要求
		工商管理（新结构经济学产业运营人才卓越班）	25	不提科目要求
	公共管理学院	劳动与社会保障（政策人才卓越班）	30	不提科目要求
国际联合培养计划	经济学院	金融学（与英国阿伯丁大学联合培养）	30	不提科目要求
	物理与电子科学学院	物理学（与加拿大滑铁卢大学联合培养）	15	物理（1门科目考生必须选考方可报考）
	化学化工与材料科学学院	化学（与加拿大滑铁卢大学联合培养）	15	化学（1门科目考生必须选考方可报考）
	生命科学学院	生物技术（与英国阿伯丁大学联合培养）	15	物理、化学、生物（3门科目考生选考其中1门即可报考）

注：各专业招生计划以上级主管部门公布为准，学校根据生源情况进行适当调整。

报名条件（2023）

通过山东省 2023 年普通高等学校招生考试夏季高考报名，高中学业水平合格考试各科成绩均为合格，考生选考科目应符合招生专业（类）规定的选考科目。高中三年参加不少于 10 个工作日的社区服务和 1 周社会实践，并完成不少于 6 学分的考察探究活动（研究性学习、研学旅行、野外考察等），完成规定的自主选修学分学习，需满足报考专业对应的报考条件之一，方可参加山东师范大学综合评价招生：

1. 学前教育专业

（1）中学阶段在《教育部办公厅关于公布 2022—2025 学年面向中小学生的全国性竞赛活动的通知》中规定的部分赛事中获得省级三等奖及以上。具体赛事见下表：

艺术体育类		
序号	竞赛名称	主办单位
1	全国中小学生绘画书法作品比赛	中国儿童中心
2	全国青少年传统体育项目比赛	中国青少年宫协会
3	"希望颂"——全国青少年书画艺术大展	中国国际书画艺术研究会
4	全国青少年音乐素养大赛	中国音乐文学学会

（2）中学阶段获全国中小学生艺术展演活动个人项目三等奖及以上；或中学阶段在省级教育部门举办的中学生艺术赛事中获个人项目二等奖及以上；或获得音乐类、舞蹈类专业考级 6 级及以上证书。

2. 新闻学专业

参加 2023 年山东省播音主持类专业统考，且达到本科合格线。

3. 其他综合评价招生专业

（1）一类条件：高中阶段在《教育部办公厅关于公布 2022—2025 学年面向中小学生的全国性竞赛活动的通知》中规定的部分赛事中获得省级三等奖及以上。具体赛事见下表：

自然科学素养类		
序号	竞赛名称	主办单位
1	全国青少年人工智能创新挑战赛	中国少年儿童发展服务中心
2	全国中小学信息技术创新与实践大赛	中国人工智能学会
3	世界机器人大会青少年机器人设计与信息素养大赛	中国电子学会
4	全国青少年科技教育成果展示大赛	中国下一代教育基金会
5	全国青少年无人机大赛	中国航空学会
6	全国青年科普创新实验暨作品大赛	中国科协
7	宋庆龄少年儿童发明奖	中国宋庆龄基金会、中国发明协会
8	全国中学生天文知识竞赛	中国天文学会
9	"地球小博士"全国地理科普知识大赛	中国地理学会
10	全国中学生水科技发明比赛	生态环境部宣传教育中心、水利部宣传教育中心
11	全国中学生地球科学奥林匹克竞赛	中国地震学会、中国地球物理学会、中国灾害防御协会
12	全国中学生数学奥林匹克竞赛	中国数学会
13	全国中学生物理奥林匹克竞赛	中国物理学会
14	全国中学生化学奥林匹克竞赛	中国化学会
15	全国中学生生物学奥林匹克竞赛	中国植物学会、中国动物学会
16	全国中学生信息学奥林匹克竞赛	中国计算机学会
17	全国青少年科技创新大赛	中国科协
18	全国青少年航天创新大赛	中国航天科技国际交流中心
19	"北斗杯"全国青少年空天科技体验与创新大赛	中国科学院空天信息创新研究院、中国光华科技基金会

（续表）

序号	竞赛名称	主办单位
20	蓝桥杯全国软件和信息技术专业人才大赛	工业和信息化部人才交流中心
21	丘成桐中学科学奖	清华大学
22	全球发明大会中国区	中国友好和平发展基金会
23	中国"芯"助力中国梦——全国青少年通信科技创新大赛	中国通信工业协会

人文综合素养类		
序号	竞赛名称	主办单位
24	世界华人学生作文大赛	中华全国归国华侨联合会
25	"外研社杯"全国中学生外语素养大赛	北京外国语大学
26	叶圣陶杯全国中学生新作文大赛	中国当代文学研究会
27	全国中学生科普科幻作文大赛	中国科普作家协会
28	高中生创新能力大赛	中国老教授协会
29	全国中学生创新作文大赛	中国写作学会
30	"语文报杯·时代新人说"全国中学生征文大赛	中国语文报刊协会
31	全国中学生环境保护优秀作文征集活动	中华环保联合会
32	全国版图知识竞赛（中小学组）	自然资源部宣传教育中心
33	全国青少年劳动技能与智能设计大赛	中国自动化学会
34	全国青少年文化遗产知识大赛	中国文物保护技术协会

（2）二类条件：

①高中阶段在学科竞赛类、科技创新类、语言文学类等领域有特长并获得过省级三等奖及以上。

②其他能证明自己特长或潜质的写实性材料，如省优秀学生干部、省三好学生等。

（续表）

分数折算（2023）

山东师范大学综合评价招生综合成绩根据考生夏季高考语文、数学、外语科目考试成绩，高中学业水平等级考试成绩和高考加分，学校综合素质考核成绩经折合换算、按比例合成。

综合成绩=（夏季高考语文、数学、外语科目考试成绩+高中学业水平等级考试成绩+高考加分）÷7.5×70%+学校综合素质考核成绩×30%。

需要注意的是，山东师范大学2023年综合评价招生中，新闻学专业入围考生高考总成绩须达到山东省2023年普通类一段线。金融学、物理学、化学、生物技术专业入围考生高考总成绩须达到山东省2023年夏季高考特殊类型招生控制线下20分。其余专业入围考生高考总成绩须达到山东省2023年夏季高考特殊类型招生控制线。

考生在普通类提前批填报该校综合评价志愿，填报的专业志愿须在该校公布的招生专业中选择并已入围该专业合格名单，否则视为无效。

录取情况（2023）

年份	省市	科类	类型	专业	最低分	平均分	最高分	控制线
2023	山东	综合改革	山东省属地方综合评价招生	新闻学（省属地方综合评价招生）	464	491.8	532	520
2023	山东	综合改革	山东省属地方综合评价招生	物理学（省属地方综合评价招生）	501	531.76	564	520
2023	山东	综合改革	山东省属地方综合评价招生	金融学（省属地方综合评价招生）	507	538.83	562	520
2023	山东	综合改革	山东省属地方综合评价招生	化学（省属地方综合评价招生）	508	533	557	520
2023	山东	综合改革	山东省属地方综合评价招生	生物技术（省属地方综合评价招生）	508	534.12	557	520
2023	山东	综合改革	山东省属地方综合评价招生	学前教育（省属地方综合评价招生）	522	536.33	577	520

（续表）

年份	省市	科类	类型	专业	最低分	平均分	最高分	控制线
2023	山东	综合改革	山东省属地方综合评价招生	工商管理（省属地方综合评价招生）	522	542.16	568	520
2023	山东	综合改革	山东省属地方综合评价招生	环境科学（省属地方综合评价招生）	523	550.73	566	520
2023	山东	综合改革	山东省属地方综合评价招生	劳动与社会保障（省属地方综合评价招生）	523	544	563	520
2023	山东	综合改革	山东省属地方综合评价招生	旅游管理（省属地方综合评价招生）	523	535	551	520
2023	山东	综合改革	山东省属地方综合评价招生	教育技术学（省属地方综合评价招生）	524	542.27	576	520
2023	山东	综合改革	山东省属地方综合评价招生	世界史（省属地方综合评价招生）	525	554.22	582	520
2023	山东	综合改革	山东省属地方综合评价招生	英语（省属地方综合评价招生）	548	569.47	582	520
2023	山东	综合改革	山东省属地方综合评价招生	中国共产党历史（省属地方综合评价招生）	554	571.15	587	520
2023	山东	综合改革	山东省属地方综合评价招生	汉语言文学（省属地方综合评价招生）	558	575.8	591	520

下附山东师范大学2023年普通类录取分数参考表。

山东师范大学普通类录取分数参考（2023）

年份	省市	科类	类型	专业	最低分	平均分	最高分	控制线
2023	山东	综合改革	普通考生	外国语言文学类（英语、俄语、西班牙语、日语、朝鲜语）	540	560.7	596	520
2023	山东	综合改革	普通考生	金融学类（金融学、国际经济与贸易、经济学）	566	570.1	586	520

年份	省市	科类	类型	专业	最低分	平均分	最高分	控制线
2023	山东	综合改革	普通考生	公共管理类（行政管理、劳动与社会保障）	566	570.16	579	520
2023	山东	综合改革	普通考生	新闻传播学类（新闻学、网络与新媒体）	567	571.07	586	520
2023	山东	综合改革	普通考生	心理学类（心理学、应用心理学）	567	570.97	582	520
2023	山东	综合改革	普通考生	生物科学类（生物科学、生物技术）	569	574.15	596	520
2023	山东	综合改革	普通考生	汉语国际教育	570	575.58	586	520
2023	山东	综合改革	普通考生	化学	571	576.98	600	520
2023	山东	综合改革	普通考生	地理科学类（地理科学、地理信息科学）	571	575.75	593	520
2023	山东	综合改革	普通考生	教育技术学	572	574.1	576	520
2023	山东	综合改革	普通考生	化学工程与工艺	574	578	585	520
2023	山东	综合改革	普通考生	哲学	574	577.29	581	520
2023	山东	综合改革	普通考生	工商管理类（工商管理、会计学）	574	577.12	581	520
2023	山东	综合改革	普通考生	食品科学与工程	574	574.4	575	520
2023	山东	综合改革	普通考生	小学教育	575	577.15	592	520
2023	山东	综合改革	普通考生	物理学	576	581.2	600	520
2023	山东	综合改革	普通考生	历史学	578	581.67	609	520
2023	山东	综合改革	普通考生	教育学	578	581.11	594	520
2023	山东	综合改革	普通考生	马克思主义理论	579	587.47	604	520
2023	山东	综合改革	普通考生	电子信息类（电子信息工程、电子科学与技术、光电信息科学与工程）	579	581.08	595	520

（续表）

年份	省市	科类	类型	专业	最低分	平均分	最高分	控制线
2023	山东	综合改革	普通考生	人工智能	579	579.6	583	520
2023	山东	综合改革	普通考生	计算机类（计算机科学与技术、物联网工程、网络空间安全）	580	582.59	591	520
2023	山东	综合改革	普通考生	数据科学与大数据技术	580	581.71	584	520
2023	山东	综合改革	普通考生	信息管理与信息系统	581	584.5	588	520
2023	山东	综合改革	普通考生	通信工程	581	582.47	586	520
2023	山东	综合改革	普通考生	统计学	582	583.69	587	520
2023	山东	综合改革	普通考生	数学与应用数学	583	587.78	602	520
2023	山东	综合改革	普通考生	法学	585	587.98	601	520
2023	山东	综合改革	普通考生	思想政治教育	585	589.33	601	520
2023	山东	综合改革	普通考生	中国共产党历史	586	590.2	601	520
2023	山东	综合改革	普通考生	中国语言文学类（汉语言文学、汉语言、秘书学）	588	592.77	605	520

07 山东财经大学

山东财经大学是财政部、教育部、山东省共建高校,坐落于享有泉城美誉的国家历史文化名城——济南,是一所办学历史悠久、办学规模较大、办学特色鲜明,以经济学和管理学学科为主,兼有文、法、理、工、教育、艺术八大学科门类,在国内外具有较高声誉和知名度的财经类大学。

该校拥有应用经济学、管理科学与工程、统计学 3 个博士后科研流动站,应用经济学、工商管理、管理科学与工程、统计学 4 个一级学科博士学位授权点,11 个一级学科硕士学位授权点,20 种硕士专业学位类别。2020 年 12 月,学校入选山东省高水平大学建设名单;应用经济学、工商管理、管理科学与工程 3 个学科入选山东省高水平学科建设名单,其中,应用经济学为"高峰学科"建设学科。工程学、计算机科学和社会科学进入 ESI 全球排名前 1%。在 2023 软科中国大学专业排名中,

A 以上专业 23 个，位居省属高校首位，全国财经类高校第 8 位，上榜专业总数 53 个，连续两年所有专业全部上榜。

近年计划招生人数

山东财经大学综合评价计划招生人数	
年份	人数
2020	350
2021	350
2022	350
2023	350

招生计划及专业（2023）

招生专业（类）	招生计划	选科要求
会计学	10	无
金融学	10	无
经济学类（经济学、资源与环境经济学）	20	无
财政学类（财政学、税收学）	10	无
经济与贸易类（国际经济与贸易、国际商务）	15	无
工商管理类（工商管理、人力资源管理、市场营销）	35	无
公共管理类（行政管理、劳动与社会保障、城市管理）	30	无
外国语言文学类（商务英语、英语、德语、法语、日语）	30	无
保险学	20	无

（续表）

招生专业（类）	招生计划	选科要求
法学	10	无
金融数学	20	无
新闻学	30	无
汉语言文学	10	无
文化产业管理	20	无
体育经济与管理	20	无
管理科学与工程类（大数据管理与应用、信息管理与信息系统、工程管理）	40	物理
电子商务类（电子商务、物流管理）	20	物理

报名条件（2023）

　　已通过山东省2023年夏季高考报名，高中三年参加不少于10个工作日的社区服务和1周社会实践，并完成不少于6学分的考察探究活动（研究性学习、研学旅行、野外考察等），完成规定的自主选修学分学习，普通高中学业水平合格考试各科成绩均为合格，品学兼优，身心健康，具备创新精神和培养潜质的应届普通高中毕业生，符合以下两类条件之一均可报名参加山东财经大学综合评价招生。

　　（1）一类条件：高中阶段获得以下任何一项奖励或荣誉称号（省级及以上）。

序号	竞赛名称	主办单位
1	全国青少年人工智能创新挑战赛	中国少年儿童发展服务中心
2	全国中小学信息技术创新与实践大赛	中国人工智能学会
3	世界机器人大会青少年机器人设计与信息素养大赛	中国电子学会
4	全国青少年科技教育成果展示大赛	中国下一代教育基金会

（续表）

序号	竞赛名称	主办单位
5	全国青少年无人机大赛	中国航空学会
6	全国青年科普创新实验暨作品大赛	中国科协
7	宋庆龄少年儿童发明奖	中国宋庆龄基金会、中国发明协会
8	全国中学生天文知识竞赛	中国天文学会
9	"地球小博士"全国地理科普知识大赛	中国地理学会
10	全国中学生水科技发明比赛	生态环境部宣传教育中心、 水利部宣传教育中心
11	全国中学生地球科学奥林匹克竞赛	中国地震学会、中国地球物理学会、 中国灾害防御协会
12	全国中学生数学奥林匹克竞赛	中国数学会
13	全国中学生物理奥林匹克竞赛	中国物理学会
14	全国中学生化学奥林匹克竞赛	中国化学会
15	全国中学生生物学奥林匹克竞赛	中国植物学会、中国动物学会
16	全国中学生信息学奥林匹克竞赛	中国计算机学会
17	全国青少年科技创新大赛	中国科协
18	全国青少年航天创新大赛	中国航天科技国际交流中心
19	"北斗杯"全国青少年空天科技体验与创新大赛	中国科学院空天信息创新研究院、中国光华科技基金会
20	蓝桥杯全国软件和信息技术专业人才大赛	工业和信息化部人才交流中心
21	丘成桐中学科学奖	清华大学
22	全球发明大会中国区	中国友好和平发展基金会
23	中国"芯"助力中国梦——全国青少年通信科技创新大赛	中国通信工业协会
24	全国青少年禁毒知识竞赛	中国禁毒基金会

（续表）

序号	竞赛名称	主办单位
25	世界华人学生作文大赛	中华全国归国华侨联合会
26	"外研社杯"全国中学生外语素养大赛	北京外国语大学
27	叶圣陶杯全国中学生新作文大赛	中国当代文学研究会
28	全国中学生科普科幻作文大赛	中国科普作家协会
29	高中生创新能力大赛	中国老教授协会
30	全国中学生创新作文大赛	中国写作学会
31	"语文报杯·时代新人说"全国中学生征文大赛	中国语文报刊协会
32	全国中学生环境保护优秀作文征集活动	中华环保联合会
33	全国版图知识竞赛（中小学组）	自然资源部宣传教育中心
34	全国青少年劳动技能与智能设计大赛	中国自动化学会
35	全国青少年文化遗产知识大赛	中国文物保护技术协会
36	普通高中省级优秀学生	山东省教育厅
37	普通高中省级三好学生	山东省教育厅
38	普通高中省级优秀学生干部	山东省教育厅

（2）二类条件：不满足"一类条件"的考生，至少一次高考模拟考试总成绩不低于总成绩满分的70%（720×70%=504分），且在高中阶段学科竞赛类、语言文学特长类、科技创新类等领域获得任何一项省级及以上奖项者。

分数折算（2023）

报考山东财经大学综合评价招生的考生的综合成绩由夏季高考总成绩（含语文、数学、外语科目考试成绩，高中学业水平等级考试成绩和政策加分）、学校考核成绩组成，按"高考总成绩×70%+学校考核成绩×7.5×30%"计算形成，四舍五入保留两位小数。

对进档考生，该校按照"分数优先，遵循志愿"原则以综合成绩从高分到低分安排录取专业；考生综合成绩相同时，依次按照学校考核成绩、高考投档成绩（含投档顺序）从高分到低分安排录取专业；专业志愿间不设级差分；考生综合成绩无法满足其填报的专业志愿时，如果考生服从专业调剂，学校根据考生综合成绩从高分到低分调剂到招生计划尚未完成且符合选科要求的专业，如果考生不服从专业调剂，学校做退档处理。综合评价招生已录取的学生，其他院校不再录取，入校后原则上不允许转入其他专业。

需要注意的是，入围学生夏季高考成绩须达到山东省2023年普通类一段线且不低于山东省2023年特殊类型招生控制线下30分，方可填报山东财经大学综合评价招生志愿，入围考生须在普通类提前批填报该校综合评价招生志愿，填报专业志愿须在本章程公布的招生专业中选择，且须符合专业选科要求，否则视为无效。

录取情况（2023）

年份	专业（类）	最高综合分	最低综合分	平均综合分
2023	会计学	563.56875	554.8	558.3
2023	金融学	558.59375	548.65625	552.6
2023	经济学类	547.73125	541.23215	543.3
2023	财政学类	552.09375	546.875	548.7
2023	经济与贸易类	544.80625	534.10625	537.8
2023	工商管理类	541.55625	525.8875	532.3
2023	公共管理类	537.85	519.4375	524.7
2023	外国语言文学类	539.59375	515.44375	524.9
2023	保险学	545.15625	521.78125	531.7
2023	法学	563.425	545.5625	551.9
2023	金融数学	549.6125	532.45625	539.6

（续表）

年份	专业（类）	最高综合分	最低综合分	平均综合分
2023	新闻学	538.2	521.10625	527.9
2023	汉语言文学	549.1375	540.775	543.4
2023	文化产业管理	540.65625	517.11875	523.7
2023	体育经济与管理	531.99375	515.5125	522.1
2023	管理科学与工程类（物理）	541.9125	520.2875	528.1
2023	电子商务类（物理）	518.99375	510.13125	513.6

下附山东财经大学 2022 年普通类录取分数参考表。

山东财经大学普通类录取分数参考（2022）

专业代号及名称	院校代号及名称	投档计划数	投档最低位次	分数
04 审计学	A456 山东财经大学	100	48351	559
08 工商管理类	A456 山东财经大学	240	65231	546
0A 精算学	A456 山东财经大学	60	58016	551
0D 经济学类	A456 山东财经大学	210	52604	555
0G 管理科学与工程类	A456 山东财经大学	80	68884	543
0H 经济统计学	A456 山东财经大学	65	55266	553
0N 会计学	A456 山东财经大学	170	43243	564
0T 数学与应用数学	A456 山东财经大学	40	60529	549
0W 资产评估	A456 山东财经大学	60	56656	552
0Z 金融数学	A456 山东财经大学	45	58585	551
10 国际经济发展合作	A456 山东财经大学	18	60896	549

（续表）

专业代号及名称	院校代号及名称	投档计划数	投档最低位次	分数
11 法学	A456 山东财经大学	150	53310	555
13 公共管理类	A456 山东财经大学	70	65704	545
14 金融学类	A456 山东财经大学	145	46357	561
17 经济与贸易类	A456 山东财经大学	195	62784	548
19 金融学	A456 山东财经大学	160	45092	562
1A 外国语言文学类	A456 山东财经大学	160	68182	544
1G 计算机类	A456 山东财经大学	175	57572	551
1L 电子商务类	A456 山东财经大学	30	68194	544
1N 统计学	A456 山东财经大学	70	56384	552
1U 汉语言文学	A456 山东财经大学	20	49888	558
1Y 财务管理	A456 山东财经大学	100	49265	558
1Z 财政学类	A456 山东财经大学	135	52206	556
20 数据科学与大数据技术	A456 山东财经大学	70	56382	552
0Y 统计学（中外合作办学）	A456 山东财经大学	100	98448	525
1X 经济学（中外合作办学）	A456 山东财经大学	100	78874	537

08 山东科技大学

山东科技大学建于 1951 年，是一所工科优势突出，行业特色鲜明，工学、理学、管理学、文学、法学、经济学、艺术学等多学科相互渗透、协调发展的山东省重点建设应用基础型人才培养特色名校和高水平大学"冲一流"建设高校。

山东科技大学在青岛、泰安、济南三地办学，总占地面积 3500 余亩，建筑面积 145 万平方米，固定资产总值 40 亿元，教学科研仪器设备总值 9.71 亿元。学校设有教学单位 34 个，科研单位 5 个。

有博士后科研流动站 10 个，博士学位授权一级学科 10 个，硕士学位授权一级学科 32 个，硕士专业学位类别 20 个，本科招生专业 72 个。有国家重点（培育）学科 1 个，山东省一流学科建设"811"项目潜力学科 2 个，山东省高水平学科 4 个，山东省一流学科 5 个，另有省市级重点学科 21 个，工程学、数学、化学、材料科学、地球科学、计算机科学、环境与生态学 7 个学科进入 ESI 全球排名前 1%，其中工程学、数学 2 个学科进入 ESI 全球排名前 1‰。有省部共建国家重点实验室培育基地 1 个，国家地方联合工程研究中心 2 个，国家工程实验室 1 个，省部级及青岛市实验室（基地）和工程（技术）研究中心 118 个。

近年计划招生人数

山东科技大学近年综合评价计划招生人数	
年份	人数
2020	220
2021	180
2022	180
2023	180

招生计划及专业（2023）

2023 年，山东科技大学综合评价招生面向山东省内夏季高考生源，总计划数为 180 人，招生计划及专业如下表：

专业名称	招生计划	选考科目要求
海洋技术	30	物理
金属材料工程	20	物理
测绘工程	20	物理

（续表）

专业名称	招生计划	选考科目要求
地质工程	20	物理、化学 （2门科目考生选考 其中一门即可报考）
交通运输	20	物理、化学 （2门科目考生选考 其中一门即可报考）
日语（语种须为英语）	15	不限选考科目
朝鲜语（语种须为英语）	15	不限选考科目
电气工程与智能控制	15	物理
网络工程	15	物理
国际商务	10	不限选考科目

报名条件（2023）

　　通过2023年山东省普通高等学校招生全国统一考试（夏季高考）报名，品德优良，身心健康，综合素质较高，具有创新精神和培养潜质；学生思想品德、社会实践表现良好，高中三年参加不少于10个工作日的社区服务和1周社会实践，并完成不少于6学分的考察探究活动（研究性学习、研学旅行、野外考察等），完成规定的自主选修学分学习，普通高中学业水平合格考试合格，且符合以下条件之一者均可申请报考：

　　（1）自然科学素养类：高中阶段在以下竞赛中获得过省级三等奖（含）以上者。

序号	竞赛名称	主办单位
1	全国青少年人工智能创新挑战赛	中国少年儿童发展服务中心
2	全国中小学信息技术创新与实践大赛	中国人工智能学会
3	世界机器人大会青少年机器人设计与信息素养大赛	中国电子学会
4	全国青少年科技教育成果展示大赛	中国下一代教育基金会

（续表）

序号	竞赛名称	主办单位
5	全国青少年无人机大赛	中国航空学会
6	全国青年科普创新实验暨作品大赛	中国科协
7	宋庆龄少年儿童发明奖	中国宋庆龄基金会、中国发明协会
8	全国中学生天文知识竞赛	中国天文学会
9	"地球小博士"全国地理科普知识大赛	中国地理学会
10	全国中学生水科技发明比赛	生态环境部宣传教育中心、 水利部宣传教育中心
11	全国中学生地球科学奥林匹克竞赛	中国地震学会、中国地球物理学会、 中国灾害防御协会
12	全国中学生数学奥林匹克竞赛	中国数学会
13	全国中学生物理奥林匹克竞赛	中国物理学会
14	全国中学生化学奥林匹克竞赛	中国化学会
15	全国中学生生物学奥林匹克竞赛	中国植物学会、中国动物学会
16	全国中学生信息学奥林匹克竞赛	中国计算机学会
17	全国青少年科技创新大赛	中国科协
18	全国青少年航天创新大赛	中国航天科技国际交流中心
19	"北斗杯"全国青少年空天科技体验与 创新大赛	中国科学院空天信息创新研究院、 中国光华科技基金会
20	蓝桥杯全国软件和信息技术 专业人才大赛	工业和信息化部人才交流中心
21	丘成桐中学科学奖	清华大学
22	全球发明大会中国区	中国友好和平发展基金会
23	中国"芯"助力中国梦——全国青少年 通信科技创新大赛	中国通信工业协会

（2）人文综合素养类：高中阶段在以下竞赛中获得过山东赛区决赛二等奖（含）以上者。

序号	竞赛名称	主办单位
1	全国青少年禁毒知识竞赛	中国禁毒基金会
2	世界华人学生作文大赛	中华全国归国华侨联合会
3	"外研社杯"全国中学生外语素养大赛	北京外国语大学
4	叶圣陶杯全国中学生新作文大赛	中国当代文学研究会
5	全国中学生科普科幻作文大赛	中国科普作家协会
6	高中生创新能力大赛	中国老教授协会
7	全国中学生创新作文大赛	中国写作学会
8	"语文报杯·时代新人说"全国中学生征文大赛	中国语文报刊协会
9	全国中学生环境保护优秀作文征集活动	中华环保联合会
10	全国版图知识竞赛（中小学组）	自然资源部宣传教育中心
11	全国青少年劳动技能与智能设计大赛	中国自动化学会
12	全国青少年文化遗产知识大赛	中国文物保护技术协会

（3）高中阶段获得省级及以上"优秀学生干部""优秀学生""优秀共青团员"等荣誉称号者，以及证书落款为山东省教育厅或共青团山东省委员会的自然科学素养类、人文综合素养类等省级三等奖（含）以上者。

分数折算（2023）

山东科技大学对进档考生，按综合成绩从高分到低分录取。

综合成绩由夏季高考总成绩（含语文、数学、外语科目考试成绩，高中学业水平等级考试成绩和高考加分），山东科技大学综合素质面试成绩组成，其中夏季高考总成绩占70%，山东科技大学综合素质面试成绩占30%。综合成绩四舍五入，保留两位小数。

若考生综合成绩相同，则按单项顺序及分数高低排序，单项顺序排列依次为：山东科技大学综合素质面试成绩、夏季高考总成绩。

录取情况（2023）

录取专业	计划数	录取数	录取最低分	录取高考最低分	备注
测绘工程	20	20	76.54	522	青岛校区
交通运输	20	20	75.63	512	
日语	15	15	74.39	512	
地质工程	20	20	74.97	505	
海洋技术	30	30	74.26	503	
金属材料工程	20	20	73.33	503	青岛校区
朝鲜语	15	15	73.16	500	
电气工程与智能控制	15	15	75.55	513	泰安校区
网络工程	15	15	75.16	508	
国际商务	10	10	74.35	504	

下附山东科技大学2023年普通类录取分数参考表。

山东科技大学普通类录取分数参考（2023）

校区	专业名称	计划数	录取最低分	录取最低位次
青岛校区	计算机科学与技术（图灵班）	30	598	25125
青岛校区	计算机科学与技术	69	594	28438
青岛校区	软件工程	65	588	32700
青岛校区	电气工程及其自动化	98	586	33925

（续表）

校区	专业名称	计划数	录取最低分	录取最低位次
青岛校区	信息安全	48	581	38635
青岛校区	电子信息工程	100	577	41677
青岛校区	自动化	106	576	43319
青岛校区	数学与应用数学（吴方班）	30	576	42751
青岛校区	物联网工程	52	575	43688
青岛校区	通信工程	60	574	45054
青岛校区	智能科学与技术	38	574	44869
青岛校区	汉语言文学	28	574	44964
青岛校区	集成电路设计与集成系统	48	572	47206
青岛校区	法学	140	571	48612
青岛校区	机器人工程	40	571	47837
青岛校区	数学与应用数学	47	568	51095
青岛校区	大数据管理与应用	48	568	51776
青岛校区	会计学	54	567	52516
青岛校区	智能制造工程	46	567	52112
青岛校区	机械设计制造及其自动化	138	566	53595
青岛校区	能源与动力工程	39	565	54699
青岛校区	应用物理学	29	562	58515
青岛校区	机械电子工程	138	562	57791
青岛校区	统计学	62	562	57686
青岛校区	储能科学与工程	38	561	59224

（续表）

校区	专业名称	计划数	录取最低分	录取最低位次
青岛校区	遥感科学与技术	65	560	60271
青岛校区	新能源材料与器件	43	560	61138
青岛校区	地理信息科学	78	558	63820
青岛校区	金融学	37	556	66056
青岛校区	生物工程	50	555	66926
青岛校区	测绘工程	67	555	67001
青岛校区	工业工程	40	555	67304
青岛校区	应用化学	46	554	68999
青岛校区	交通运输	43	553	70193
青岛校区	工商管理	72	552	70694
青岛校区	工程力学	42	552	71081
青岛校区	智慧交通	48	551	72236
青岛校区	船舶与海洋工程	21	550	73584
青岛校区	安全工程	52	549	74722
青岛校区	高分子材料与工程	80	548	76028
青岛校区	生物制药	33	548	77058
青岛校区	化学工程与工艺	78	547	78783
青岛校区	英语（外语语种须为英语）	125	547	78754
青岛校区	海洋技术	16	547	78258
青岛校区	地质工程	39	546	79321
青岛校区	水文与水资源工程	37	545	80918

（续表）

校区	专业名称	计划数	录取最低分	录取最低位次
青岛校区	数据科学与大数据技术（校企合作）	200	544	82099
青岛校区	金属材料工程	33	543	84748
青岛校区	建筑学	66	542	86433
青岛校区	国际经济与贸易	57	541	87996
青岛校区	智能采矿工程	4	541	86894
青岛校区	采矿工程（宋振骐班）	30	537	93563
青岛校区	建筑环境与能源应用工程	25	537	93274
青岛校区	土木工程	76	536	95134
青岛校区	城市地下空间工程	23	536	96173
青岛校区	资源勘查工程	59	535	97504
青岛校区	环境工程	70	534	98757
青岛校区	日语（外语语种须为英语）	22	530	105520
青岛校区	职业卫生工程	43	499	170376
泰安校区	电气工程与智能控制	125	533	100947
泰安校区	网络工程	135	534	98914
泰安校区	信息工程	118	529	107918
泰安校区	审计学	118	536	95685
泰安校区	金融科技	118	509	147048
泰安校区	防灾减灾科学与工程	90	505	156325
泰安校区	应急装备技术与工程	120	507	152459
泰安校区	工程管理	98	508	149472

（续表）

校区	专业名称	计划数	录取最低分	录取最低位次
泰安校区	国际商务	108	512	141036
济南校区	电气工程及其自动化（中外合作办学）	85	515	135340
济南校区	自动化（中外合作办学）	65	498	171830
济南校区	金融学（中外合作办学）	100	495	180108
济南校区	软件工程（中外合作办学）	65	505	156906
济南校区	机械电子工程（中外合作办学）	70	492	186450
济南校区	通信工程（中外合作办学）	80	501	166320
济南校区	工业设计（中外合作办学）	55	485	203474

09 青岛科技大学

青岛科技大学是一所以工为主，理、工、文、经、管、医、法、艺、教等学科协调发展、特色鲜明的多学科综合性大学。学校是国家"111计划"立项建设单位、山东省"强特色"高水平大学，被教育部评估为"本科教学工作水平评估优秀高校""全国毕业生就业创业双50强高校"，被社会赞誉为"中国橡胶工业的黄埔"。

青岛科技大学历史底蕴厚重，前身是创建于1950年的沈阳轻工业高级职业学校，1956年迁至青岛，更名为青岛橡胶工业学校；1958年升格为山东化工学院，1984年、2002年先后更名为青岛化工学院和青岛科技大学，至今形成了"五校区一基地"的办学格局。学校学科特色鲜明，拥有5个博士一级学科，5个博士后科研流动站，23个硕士一级学科，18个硕士专业学位类别。形成了以材料科学与工程、化学工程与技术、动力工程及工程热物理等为代表的多个优势特色学科群，化学、材料科学、工程学、环境科学与生态学4个学科进入全球ESI学科排名前1%，其中化学学科首次进入全球ESI学科排名前1‰；4个学科入选山东省重点建设的"一流学科"行列，2个学科入选山东省优势特色高水平学科。

近年计划招生人数

青岛科技大学近年综合评价计划招生人数	
年份	人数
2020	120
2021	150
2022	150
2023	170

招生计划及专业（2023）

2023 年，青岛科技大学综合评价招生面向山东省内夏季高考生源，总计划招生人数为 170 名。具体招生专业、选考科目要求和招生计划如下表：

校区	专业名称	选科要求		招生计划
四方校区	化学	化学、物理	选考其中 1 门	10
	化学工程与工艺	化学	必选	15
	高分子材料与工程（橡胶工程方向）	化学	必选	15
	金属材料工程	化学	必选	10
	无机非金属材料工程	化学	必选	10
	环境科学	物理、化学、生物	选考其中 1 门	10
	功能材料	化学	必选	10
崂山校区	应用物理学	物理	必选	10
	数学与应用数学	物理	必选	10
	过程装备与控制工程	物理	必选	10

（续表）

校区	专业名称	选科要求		招生计划
崂山校区	计算机科学与技术	物理	必选	10
	新能源科学与工程	物理	必选	10
	俄语	不限	不限	10
	社会工作	不限	不限	10
	工业工程	不限	不限	10
	编辑出版学	不限	不限	10

注：最终招生专业、选考科目要求和招生计划以山东省教育招生考试院最后公布为准，可根据生源情况适当调整；综合评价招生各专业学费标准按照山东省物价管理部门要求执行。

报名条件（2023）

高中阶段为 2017—2020 级的具有山东省 2023 年普通高等学校招生统一考试报名资格的考生，品德优良，身心健康，高中三年参加不少于 10 个工作日的社区服务和 1 周社会实践，并完成不少于 6 学分的考察探究活动（研究性学习、研学旅行、野外考察等）；综合素质较高，具有创新精神和培养潜质，学业水平考试 10 门科目全部合格，且符合以下条件之一的考生均可自行申请报考：

（1）高中阶段在《教育部办公厅关于公布 2022—2025 学年面向中小学生的全国性竞赛活动的通知》所规定的部分比赛中获得省级三等奖及以上，具体赛事见下表：

序号	竞赛名称	主办单位
自然科学素养类		
1	全国青少年人工智能创新挑战赛	中国少年儿童发展服务中心
2	全国中小学信息技术创新与实践大赛	中国人工智能学会
3	世界机器人大会青少年机器人设计与信息素养大赛	中国电子学会
4	全国青少年科技教育成果展示大赛	中国下一代教育基金会

序号	竞赛名称	主办单位
5	全国青少年无人机大赛	中国航空学会
6	全国青年科普创新实验暨作品大赛	中国科协
7	宋庆龄少年儿童发明奖	中国宋庆龄基金会、中国发明协会
8	全国中学生天文知识竞赛	中国天文学会
9	"地球小博士"全国地理科普知识大赛	中国地理学会
10	全国中学生水科技发明比赛	生态环境部宣传教育中心、水利部宣传教育中心
11	全国中学生地球科学奥林匹克竞赛	中国地震学会、中国地球物理学会、中国灾害防御协会
12	全国中学生数学奥林匹克竞赛	中国数学会
13	全国中学生物理奥林匹克竞赛	中国物理学会
14	全国中学生化学奥林匹克竞赛	中国化学会
15	全国中学生生物学奥林匹克竞赛	中国植物学会、中国动物学会
16	全国中学生信息学奥林匹克竞赛	中国计算机学会
17	全国青少年科技创新大赛	中国科协
18	全国青少年航天创新大赛	中国航天科技国际交流中心
19	"北斗杯"全国青少年空天科技体验与创新大赛	中国科学院空天信息创新研究院、中国光华科技基金会
20	蓝桥杯全国软件和信息技术专业人才大赛	工业和信息化部人才交流中心
21	丘成桐中学科学奖	清华大学
22	全球发明大会中国区	中国友好和平发展基金会
23	中国"芯"助力中国梦 ——全国青少年通信科技创新大赛	中国通信工业协会

（续表）

序号	竞赛名称	主办单位
人文综合素养类		
24	世界华人学生作文大赛	中华全国归国华侨联合会
25	"外研社杯"全国中学生外语素养大赛	北京外国语大学
26	叶圣陶杯全国中学生新作文大赛	中国当代文学研究会
27	全国中学生科普科幻作文大赛	中国科普作家协会
28	高中生创新能力大赛	中国老教授协会
29	全国中学生创新作文大赛	中国写作学会
30	"语文报杯·时代新人说"全国中学生征文大赛	中国语文报刊协会
31	全国中学生环境保护优秀作文征集活动	中华环保联合会
32	全国版图知识竞赛（中小学组）	自然资源部宣传教育中心
33	全国青少年劳动技能与智能设计大赛	中国自动化学会
34	全国青少年文化遗产知识大赛	中国文物保护技术协会

注：学校将按照"控制总量，择优入围"的原则，在所有符合最低要求的考生中，根据各赛事的获奖及报名情况，择优确定初审通过名单。

（2）高中阶段获得省级"优秀学生干部""省三好学生"等荣誉称号。

分数折算（2023）

入围考生须参加山东省 2023 年统一高考。录取批次安排在提前批录取，高考成绩须达到山东省 2023 年普通类一段线且不低于山东省 2023 普通高校特殊类型招生控制线的线下 20 分。

对于进档考生，按综合成绩从高到低择优录取，考生综合成绩相同时，依次比对学校综合素质测试成绩、高考文化成绩、考生全省位次，分数或位次高者优先录取。

考生综合成绩计算公式：

考生综合成绩＝综合素质测试成绩 ×30%+ 高考成绩 ×70%（两项成绩均折算为百分制）。

录取情况（2023）

省份	类别	专业	录取人数	高考分			综合分		
				最高分	最低分	平均分	最高分	最低分	平均分
山东	普通类	编辑出版学	10	552	514	536.0	77.39	73.06	74.48
		数学与应用数学	10	559	537	547.2	75.83	74.21	74.93
		应用物理学	10	550	523	539.6	74.21	73.22	73.81
		金属材料工程	10	532	514	522.4	73.09	71.43	72.17
		化学工程与工艺	15	552	509	530.9	74.83	72.55	73.54
		高分子材料与工程（橡胶工程方向）	15	555	515	537.1	76.45	73.37	74.18
		工业工程	10	538	514	525.1	73.41	72.26	72.76
		化学	10	548	512	526.0	74.70	71.98	72.85
		功能材料	10	534	511	522.3	73.14	71.83	72.35
		社会工作	10	544	510	526.8	75.72	72.69	73.81
		过程装备与控制工程	10	543	531	538.2	74.78	73.21	73.69
		新能源科学与工程	10	569	527	547.1	77.01	74.74	75.65
		俄语	10	536	503	514.7	75.58	71.56	72.69
		环境科学	10	530	507	522.1	73.90	72.08	72.70
		计算机科学与技术	10	579	550	560.6	77.94	76.46	77.04
		无机非金属材料工程	10	523	504	517.1	73.03	71.42	71.83

下附青岛科技大学 2023 年普通类录取分数参考表。

青岛科技大学普通类录取分数参考（2023）

专业名称	科类	最高分	最低分	平均分	录取人数	最低分位次
数学与应用数学	普通	567	560	562.7	22	61315
应用物理学	普通	561	555	557.3	26	67713
应用化学	普通	573	549	554.3	28	75995
海洋科学	普通	563	541	544.5	65	88208
应用统计学	普通	560	553	554.9	50	70428
机械工程	普通	565	557	559.3	42	65100
材料成型及控制工程	普通	554	548	550.2	13	77422
工业设计	普通	563	551	554.0	20	73143
过程装备与控制工程	普通	557	551	552.5	16	73143
智能制造工程	普通	563	557	559.3	60	65100
测控技术与仪器	普通	563	556	558.3	17	66387
材料物理	普通	552	546	547.8	12	80420
高分子材料与工程（橡胶工程方向）	普通	580	543	549.9	84	85023
高分子材料与工程（塑料工程方向）	普通	549	541	542.8	24	88208
高分子材料与工程（合成方向）	普通	578	544	548.6	42	83459
复合材料与工程	普通	544	540	542.1	16	89831
功能材料	普通	552	539	541.6	15	91501

专业名称	科类	最高分	最低分	平均分	录取人数	最低分位次
新能源材料与器件	普通	560	553	555.1	30	70428
能源与动力工程	普通	584	556	558.1	34	66387
新能源科学与工程	普通	565	559	560.3	38	62577
电气工程及其自动化	普通	590	569	571.8	76	50844
智能电网信息工程	普通	567	563	564.1	25	57650
通信工程	普通	573	567	569.1	39	52980
微电子科学与工程	普通	569	560	561.8	60	61315
信息工程	普通	575	562	564.5	41	58850
集成电路设计与集成系统	普通	582	565	567.5	10	55310
电子信息科学与技术	普通	574	568	570.1	14	51901
人工智能	普通	571	562	563.1	53	58850
自动化	普通	573	566	567.6	74	54152
计算机科学与技术	普通	588	577	579.1	36	42594
数据科学与大数据技术	普通	579	562	564.8	60	58850
化学工程与工艺	普通	584	541	547.5	123	88208
制药工程	普通	563	544	548.6	58	83459
环境工程	普通	554	534	538.5	52	99759
环境科学	普通	552	536	540.8	51	96378
安全工程	普通	550	543	546.0	31	85023
生物工程	普通	558	544	548.2	70	83459
药物制剂	普通	564	546	551.0	30	80420

（续表）

专业名称	科类	最高分	最低分	平均分	录取人数	最低分位次
材料化学	普通	559	543	545.6	22	85023
化学	普通	555	542	546.4	87	86608
工商管理	普通	560	544	547.1	43	83459
市场营销	普通	549	539	542.1	14	91501
财务管理	普通	570	560	562.0	46	61315
物流管理	普通	552	546	549.1	14	80420
国际经济与贸易	普通	568	542	547.1	45	86608
法学	普通	577	566	568.1	57	54152
社会工作	普通	559	544	548.0	12	83459
广告学	普通	556	541	545.8	36	88208
编辑出版学	普通	552	540	543.8	34	89831
英语	普通	562	544	548.4	76	83459
德语	普通	556	519	532.1	23	127967
日语	普通	549	527	535.5	24	112308
能源化学	普通	554	530	537.8	60	106880
储能科学与工程	普通	563	554	557.0	30	69086
合成生物学	普通	557	501	522.1	60	166824
新能源材料与器件（国科大菁英班）	普通	569	555	559.0	30	67713
应用化学（地方专项）	地方专项	549	537	540.3	12	94758
环境工程（地方专项）	地方专项	536	529	531.9	10	108695
化学工程与工艺（地方专项）	地方专项	556	534	537.8	25	99759

（续表）

专业名称	科类	最高分	最低分	平均分	录取人数	最低分位次
制药工程（地方专项）	地方专项	567	542	547.5	10	86608
过程装备与控制工程（地方专项）	地方专项	548	544	545.6	10	83459
高分子材料与工程（地方专项）	地方专项	542	532	535.8	20	103324
复合材料与工程（地方专项）	地方专项	536	527	529.5	15	112308
材料物理（地方专项）	地方专项	542	526	529.9	15	114157
功能材料（地方专项）	地方专项	535	523	527.1	15	119957
俄语（地方专项）	地方专项	532	509	518.2	10	148798
金属材料工程（地方专项）	地方专项	536	515	524.6	18	136103
无机非金属材料工程（地方专项）	地方专项	540	507	520.1	20	153187
软件工程（校企合作）	校企合作办学	560	542	544.9	90	86608
物联网工程（校企合作）	校企合作办学	547	538	539.8	60	93123
应用化学（中德合作办学）	中外合作办学	523	490	495.8	36	192683
机械工程（中德合作办学）	中外合作办学	583	491	499.5	60	190267
自动化（中德合作办学）	中外合作办学	530	503	508.8	65	162278
应用化学（中美合作办学）	中外合作办学	519	484	491.4	60	207177
自动化（中法合作办学）	中外合作办学	533	496	500.1	100	178401
机械工程（中韩合作办学）	中外合作办学	508	484	487.9	120	207177

（续表）

专业名称	科类	最高分	最低分	平均分	录取人数	最低分位次
材料成型及控制工程（中韩合作办学）	中外合作办学	495	475	479.5	120	229475
复合材料与工程（中德合作办学）	中外合作办学	498	471	475.3	220	239634
化学工程与工艺（中德合作办学）	中外合作办学	504	474	479.5	130	232015
高分子材料与工程（中韩合作办学）	中外合作办学	514	480	488.4	90	217082

第二节　省外综合评价招生院校介绍

目前，省外高校在山东进行综合评价招生的院校有 10 所，分别是中国科学院大学、浙江大学、华南理工大学、北京外国语大学、上海纽约大学、昆山杜克大学、上海科技大学、南方科技大学、深圳北理莫斯科大学、香港中文大学（深圳）。

省外这 10 所高校的层次从顶尖"985 工程""211 工程""双一流"高校到中外合作高校，基本能覆盖中高分数段的绝大部分考生，招生的专业涵盖理、工、农、医、经、管、法，能满足大部分考生的需求。相比省内高校，省外综合评价招生的高校对于奖项的要求相对较少，更侧重学生的综合素质。

01　中国科学院大学

中国科学院大学简称"国科大"，是一所以科教融合为办学模式、研究生教育为办学主体、精英化本科教育为办学特色的创新型大学。国科大是国务院学位委员会首批授权学位自主审核的 20 所高校之一。根据全国第四轮学科评估结果，国科大 30 个学科被评为 A 类，其中 A+ 学科 18 个。在 2023 年 3 月公布的 ESI（Essential Science Indicators）最新数据中，国科大全球排名 32 位，位列内地高校第一位。在 ESI 全部 22 个学科排名中，国科大材料科学、化学、环境 / 生态学、植物与动物科学跻身 ESI 前万分之一行列；材料科学、化学、环境 / 生态学、植物与动物科学、工程科学、农业科学、地球科学、生物与生化、物理学、药理学与毒物学、微生物学、计算机科学等 12 个学科进入 ESI 前千分之一，22 个学科进入 ESI 前百分之一学科。

招生计划及专业（2023）

2023年中国科学院大学按照教育部的要求，以"综合评价"选拔方式，在北京、山东、江苏、浙江、陕西、湖南、四川7个省市招录理科或不分科考生约158名。

具体招生专业如下：

专业代码	专业名称	专业代码	专业名称
070101	数学与应用数学	080101	理论与应用力学
070201	物理学	080401	材料科学与工程
070301	化学	080601	电气工程及其自动化
070401	天文学	080701	电子信息工程
070503	人文地理与城乡规划	080717	人工智能
071001	生物科学	080901	计算机科学与技术
071101	心理学	080911	网络空间安全
		082503	环境科学

报名条件（2023）

中国科学院大学2023年综合评价招生的对象是理想高远、品德优良、学业优秀、热爱科学，并具备创新潜质的理科或不分科高中毕业生。

这样的报名条件看似没有特殊的要求，事实上中国科学院大学的门槛是非常高的，这所堪比"清北"的名校，几乎要考生在高中三年五次大考的成绩均排名全校前1%才有机会通过初审。

考核模式（2023）

中国科学院大学将在高考结束后分招生省份组织综合评价测试。测试内容包括专家面试、笔试（仅浙江省，另行公告）、体育测试科目。

国科大将组成面试专家团队，在开展综合评价选拔各省市的指定考点进行面试。各省市面试专家团队在面试前随机抽签组成面试专家组，每个面试小组由 3 名左右专家组成。获得面试资格的考生于面试前随机抽取分组编号，每 5 名左右考生为一组共同参加面试，每组面试时间约为 1 小时。面试过程对所有考生均相同，且全程录音录像，相关影像资料将留存备查。

面试将主要考查学生的数理基础、逻辑推理、学习兴趣、想象能力、表达能力等综合素质，一般不出具有刚性答案的题目。

国科大将根据教育部的要求，在校考中增设体育测试科目，具体测试项目为俯卧撑、仰卧起坐、立定跳远三选一。测试结果作为录取与否的重要参考。

分数折算（2023）

综合评价成绩由考生的高考成绩、国科大测试成绩、高中学业水平考试成绩三个部分构成，具体计算公式如下：

综合评价成绩＝ $X \times 60\% + Y \times 30\% + Z \times 10\%$

其中，X 代表高考成绩（含省市认定的加分），Y 代表国科大测试成绩（满分值折算为与当地高考满分值一致），Z 代表高中学业水平考试成绩（满分值折算为与当地高考满分值一致）。

录取情况（2022）

院校	专业代码	招生专业	选科限制	最低分数
中国科学院大学	07	心理学	物理	综合评价加权总成绩最低分为693.9分（高考成绩664分）
中国科学院大学	0H	数学与应用数学（华罗庚）	物理	
中国科学院大学	0K	物理学	物理	
中国科学院大学	0M	化学	物理或化学	
中国科学院大学	0P	天文学	物理	
中国科学院大学	0R	生物科学	物理或化学或生物	

（续表）

院校	专业代码	招生专业	选科限制	最低分数
中国科学院大学	0T	理论与应用力学（郭永怀力学实验班）	物理	综合评价加权总成绩最低分为693.9分（高考成绩664分）
中国科学院大学	0V	材料科学与工程	物理	
中国科学院大学	0X	电气工程及其自动化	物理	
中国科学院大学	0Z	电子信息工程	物理	
中国科学院大学	11	人工智能	物理	
中国科学院大学	13	计算机科学与技术	物理	
中国科学院大学	15	网络空间安全	物理	

下附中国科学院大学2022年普通类录取分数参考表。

中国科学院大学普通类录取分数参考（2022）

专业代号及名称	院校代号及名称	投档计划数	投档最低位次	分数
0F 环境科学	E430 中国科学院大学	1	365	664
0G 数学与应用数学	E430 中国科学院大学	2	203	669
0J 物理学	E430 中国科学院大学	4	341	665
0L 化学	E430 中国科学院大学	3	418	662
0N 天文学	E430 中国科学院大学	1	313	666
0Q 生物科学	E430 中国科学院大学	3	362	664
0S 理论与应用力学	E430 中国科学院大学	1	304	666
0U 材料科学与工程	E430 中国科学院大学	2	352	664
0W 电气工程及其自动化	E430 中国科学院大学	1	195	669
0Y 电子信息工程	E430 中国科学院大学	2	318	665

（续表）

专业代号及名称	院校代号及名称	投档计划数	投档最低位次	分数
10 人工智能	E430 中国科学院大学	1	194	669
12 计算机科学与技术	E430 中国科学院大学	3	278	667
14 网络空间安全	E430 中国科学院大学	1	321	665

据悉，2023 年，中国科学院大学在山东省综合评价招生录取最低位次为 354，高考投档最低分为 683 分，最低录取分数线为 704.901 分。

02　浙江大学

浙江大学是一所历史悠久、声誉卓著的高等学府，坐落于中国历史文化名城、风景旅游胜地杭州。浙江大学的前身求是书院创立于 1897 年，为中国人自己最早创办的新式高等学校之一。1928 年，定名国立浙江大学。1998 年，原浙江大学、杭州大学、浙江农业大学和浙江医科大学四校实现合并，组建了新浙江大学，迈上了创建世界一流大学的新征程。

浙江大学是一所特色鲜明、在海内外有较大影响的综合型、研究型、创新型大学，学科涵盖哲学、经济学、法学、教育学、文学、历史学、理学、工学、农学、医学、管理学、艺术学、交叉学科等 13 个门类，设有 7 个学部、39 个专业学院（系）、1 个工程师学院、2 个中外合作办学学院、7 家直属附属医院。

学校现有紫金港、玉泉、西溪、华家池、之江、舟山、海宁等 7 个校区，占地面积 7931901 平方米，图书馆总藏书量 798.2 万册。截至 2022 年底，学校有全日制学生 65821 人、国际学生 5123 人、教职工 9746 人，教师中有中国科学院全职院士 24 人、中国工程院全职院士 21 人、文科资深教授 14 人、教育部"长江学者奖励计划"特聘教授 120 人、国家杰出青年科学基金获得者 193 人。

招生计划及专业（2023）

浙江大学 2023 年山东省综合评价招生计划 30 人，具体招生专业、招生计划及选考科目要求如下：

招生专业	计划	选考科目要求	招生学院组
电子与计算机工程（中外合作办学）	19	物理	浙江大学伊利诺伊大学厄巴纳香槟校区联合学院
电气工程及其自动化（中外合作办学）			
机械工程（中外合作办学）			
土木工程（中外合作办学）			
生物医学（中外合作办学）	11	化学与生物	浙江大学爱丁堡大学联合学院
生物信息学（中外合作办学）			

注1：浙江大学伊利诺伊大学厄巴纳香槟校区联合学院招生的 4 个专业共用 19 个招生计划，浙江大学爱丁堡大学联合学院招生的 2 个专业共用 11 个招生计划。

注2：学生入学后进入浙江大学海宁国际校区学习（四年），在规定学习期限内达到所学专业毕业（学位）要求者，将获得浙江大学毕业证书、学士学位证书和美国伊利诺伊大学厄巴纳香槟校区学士学位证书或英国爱丁堡大学学士学位证书。学费标准：16 万元 / 人·学年。

报名条件（2023）

选拔诚实守信、志存高远、综合素质优秀、身心健康、专业意向明确、学科特长突出的山东省普通高中毕业生。申请考生须同时具备以下条件：

（1）符合山东省 2023 年夏季普通高等学校招生统一考试报名资格；

（2）各科目高中学业水平合格性考试成绩均合格；

（3）高中阶段历次期末考试成绩及高考模拟考试成绩原则上列年级前 10%（省级示范校可适当放宽）。

报名材料（2023）

符合报名条件的考生必须登录特殊类型招生报名平台综合评价报名系统（网址：http://bm.chsi.com.cn）完成网上注册、登录报名，按要求准确完整地填写、提交信息并打印申请表。每位考生限报一个专业。填报的专业志愿必须符合选考科目要求。

考生不需要邮寄任何纸质申请材料。所有申请材料按下列要求在线提交，并确保上传的各项材料清晰可读，上传的申请表应为原件。若报名材料不符合要求，学校不予受理。

（1）《申请表》要求在线填写、提交并打印。纸质申请表中"成绩信息"必须经所在中学教务处审核认定，并加盖中学公章，经考生本人签名后扫描（拍照）上传。

（2）《个人陈述》主要阐述高中阶段考生的学科特长表现（获省级（含）以上学科竞赛奖励情况），参与科学研究、创新实践情况，参与社会服务、社团活动情况，获省级（含）以上个人荣誉情况，报考浙江大学理由，对报考专业认识度和个人未来发展规划等内容。字数不超过800字。

（3）在"综合信息"栏内如实填写获省级（含）以上学科竞赛获奖情况、省级（含）以上个人荣誉情况，并上传证书原件的扫描（拍照）件。论文和专利不作为报名和审核材料。

分数折算（2023）

浙江大学综合评价招生按考生综合总分从高到低排序录取，录取专业为认定的入选专业。

综合总分 = 高考投档成绩（按满分100分折算）×85%（四舍五入取2位小数）+ 学校综合面试成绩（满分100分）×15%（四舍五入取2位小数）。

下附浙江大学2022年普通类录取分数参考表。

浙江大学普通类录取分数参考（2022）

专业代号及名称	院校代号及名称	投档计划数	投档最低位次	分数
2B 社会科学试验班（竺可桢学院人文社科实验班）	A335 浙江大学	3	762	655
4J 机器人工程（荣誉项目班）	A335 浙江大学	2	273	667
4T 工科试验班（竺可桢学院图灵班）	A335 浙江大学	3	248	668
4Y 医学试验班（竺可桢学院巴德年医学班）	A335 浙江大学	8	590	658
5A 工科试验班（海洋）	A335 浙江大学	13	1716	645
5B 海洋科学	A335 浙江大学	10	2309	641

（续表）

专业代号及名称	院校代号及名称	投档计划数	投档最低位次	分数
5C 应用生物科学（农学）	A335 浙江大学	25	2891	637
Z2 人文科学试验班	A335 浙江大学	5	1289	649
Z4 新闻传播学类	A335 浙江大学	3	1118	651
Z6 社会科学试验班	A335 浙江大学	17	1054	652
Z9 理科试验班类	A335 浙江大学	3	614	658
ZC 工科试验班	A335 浙江大学	10	604	658
ZF 工科试验班（信息）	A335 浙江大学	20	543	659

03 香港中文大学（深圳）

香港中文大学（深圳）是一所经教育部批准，按中外合作办学条例设立的大学。该校以创建一所立足中国、面向世界的一流研究型大学为己任，致力于培养具有国际视野、中华传统和社会担当的创新型高层次人才。学校的办学特色是国际化的氛围、中英并重的教学环境、书院制传统、通识教育、新型交叉学科设置和以学生为本的育人理念。

自 2014 年成立以来，学校学科建设已逐步完善，现有经管学院、理工学院、人文社科学院、数据科学学院、医学院、音乐学院六个学院以及一个研究生院。

香港中文大学（深圳）注重国际交流和学生国际视野的培养，目前，已与 130 多所境外名校开展实质性交流与合作，遍布世界 30 个国家和地区，各类国际合作项目超过 230 个。在校学生中具有境外学分学习经历的比例超过 60%，在国内高校中名列前茅。

招生计划及专业（2023）

填报的试验班大类	包含学院 / 专业	选科要求
经济管理试验班	经管学院	不限

（续表）

填报的试验班大类	包含学院／专业	选科要求
人文科学试验班	人文社科学院	不限
理科试验班	经管学院、理工学院、人文社科学院、数据科学学院、医学院、金融工程（专业）	物化生任一门

报名条件（2023）

（1）具有 2023 年普通高等学校招生全国统一考试报名资格的优秀高中毕业生（含往届生）；

（2）11 门学业水平合格考试科目 [不含体育与健康、艺术（或音乐、美术）] 成绩均须合格（或新高考改革前的往届生学业水平考试等级须达到 8A2C 及以上）；

（3）由于香港中文大学（深圳）课程以英文授课为主，非英语语种考生请慎重报考。

报名材料（2023）

凡符合报名条件的考生在规定时间内可登录香港中文大学（深圳）招生官网"本科招生网上申请平台 – 综合评价招生报名系统"（https://ugapply.cuhk.edu.cn）进行注册，按系统要求准确、完整地填写报名信息，并上传相关证明材料扫描件，确认报名。报名材料如下：

（1）高中学业水平考试成绩证明：教育考试院颁发的成绩单原件扫描件、教育考试院官网查询截图、盖有中学或教务处公章的成绩单扫描件（3 项材料任一即可）；

（2）高中成绩单：包含高一高二年级 4 次期末考试成绩、高三年级 2 次以上校级 / 市级 / 省级统一考试成绩，包括各科得分、总分、年级排名及年级人数等，须加盖中学或教务处公章；

（3）个人身份证扫描件；

（4）其他可反映个人优秀综合素质的证明材料（例如学科竞赛获奖证书、文艺体育竞赛获奖证书、英语及学术能力证明等，非必需）。

考生在上传报名材料扫描件时须确保电子文件清晰可读，无须邮寄纸质材料。必要时，学校有权向考生索取书面材料作为审核依据，请考生留好备份。如有造假或不实信息，一经查实将取消报名资格；已经获得考试资格的，将取消认定；已经入学的，按教育部相关规定处理。

注：通过材料审核，即有资格参加测试的考生需通过"本科招生网上申请平台－综合评价招生报名系统"在线缴纳评核费，入学测试评核费为人民币300元/生。评核费缴纳后不予退还；逾期未缴者视为自动放弃。

分数折算（2023）

学校依据考生志愿，按考生综合评价成绩从高到低择优录取。当综合评价成绩相同时，将依次以考生的高考成绩（不含政策性加分）、入学测试成绩、外语单科成绩、数学单科成绩的高低进行录取。

综合评价成绩＝高考成绩（含政策性加分，占比60%）＋入学测试成绩（占比30%）＋学业水平合格考试成绩（占比10%）。

综合评价录取总成绩满分为750分。其中，高考成绩按考生高考分数的60%比例计算；入学测试成绩满分为225分，按入学测试的实际成绩计算；学业水平合格考试成绩满分为75分，考生学业水平合格考试成绩全部合格或8A2C级及以上计75分。

2023年，香港中文大学（深圳）在广东、浙江、山东、福建、江苏及上海6个省（市）进行综合评价招生，超过25000名考生报考，较往年增长54%。共9900余名考生进入面试环节，最终录取925名，平均报录率为27∶1。相较于该校在2022年20∶1的平均报录率，竞争更加激烈。

04 华南理工大学

华南理工大学地处广州，是直属教育部的全国重点大学，校园分为五山校区、大学城校区和广州国际校区，是首届"全国文明校园"获得单位。学校办学源远流长，最早可溯源至1918年成立的广东省立第一甲种工业学校（史称"红色甲工"）；正式组建于1952年全国高等院校调整时期，是新中国"四大工学院"之一；1960年成为全国重点大学；1981年经国务院批准为首批博士和硕士学位授予单位；1993年在全国高校首开部省共建之先河；1995年进入"211工程"行列；2001年进入"985工程"行列；2017年进入"双一流"建设A类高校行列，2020年起稳居上海软科"世界大学学术排名"前200强。

华南理工大学是一所以工见长，理工医结合，管、经、文、法等多学科协调发展的综合性研究型大学。轻工技术与工程、建筑学、城乡规划学、食品科学与工程、化学工程与技术、环境科学与工程、材料科学与工程、机械工程、管理科学与工程、马克思主义理论等学科整体水平位居全国高校前列；14 个学科领域进入 ESI 全球排名前 1%，其中，工程学、材料科学、化学、农业科学、计算机科学 5 个学科领域跻身全球排名前 1‰。

建校以来，学校为国家培养了高等教育各类学生 61 万人，毕业生就业率多年来位居全国高校和广东省高校前列，一大批毕业校友成为我国科技骨干、著名企业家和领导干部。学校被誉为"工程师的摇篮""企业家的摇篮""新能源汽车界的黄埔军校"，入选全国大众创业万众创新示范基地。

招生计划及专业（2023）

招生专业	选考科目	备注	招生人数
机器人工程、智能制造工程、微电子科学与工程、集成电路设计与集成系统、人工智能、数据科学与大数据技术	物理		
生物医学工程	物理或化学	不招色盲色弱	80 人
分子科学与工程	物理与化学	不招色盲色弱	

报名条件（2023）

报名考生须同时具备以下条件：

（1）符合山东省 2023 年普通高等学校招生统一考试报名条件，身心健康、综合素质高的优秀高中毕业生（含往届生）。

（2）普通高中学业水平考试 6 科目（思想政治、历史、地理、物理、化学、生物）考试成绩全部达到合格。

报名材料（2023）

考生须在报名截止前如实提供以下材料并上传报名系统（网址：https://bm.chsi.com.cn）。

（1）个人陈述（结合个人情况，在陈述中表述对未来的规划，例如将如何服务于学校、社会、国家等）。

（2）高中一至三年级五次期末考试及高三一模成绩及排名。

（3）高中学业水平考试成绩证明。

（4）高中综合素质档案内容扫描件，如社区服务、社会实践经历、研究性学习、自主选修课程学习情况等。其他反映考生综合素质发展情况的材料（如学科竞赛、科技创新、文体类活动获奖证书等）。其中，论文和专利不得作为证明材料上传。

（5）英语能力证明材料扫描件（非必需），如托福（TOEFL）/雅思（IELTS）/多邻国（DUOLINGO）考试成绩/其他表现英语能力的证明等。

考生须确保网上提交材料的扫描图片真实、完整清晰，否则报名无效。考生提交完上述材料后，还须下载打印申请表，申请表每一页经考生本人和中学负责人签字、中学审核盖章后扫描上传，确认报考。

考核模式（2023）

学校考核形式：机试、面试和体质测试。

机试主要考查考生基础知识的掌握及灵活运用。华南理工大学将根据机试成绩划定面试资格线，入围面试的考生名单将在华南理工大学本科招生网予以公布。

面试主要考查考生的思想道德品质、沟通与团队协作、创新潜质与创新思维等综合素质。华南理工大学严格执行教育部关于特殊类型考试招生工作相关规定，严格遴选面试专家组成员，采取专家、考生"双随机"抽签的方式组织考核，考核过程全程录音录像，确保公平公正。

体质测试主要考查考生的基本身体素质，不合格者无入选资格。

学校考核成绩＝机试成绩（百分制）×70%＋面试成绩（百分制）×30%。

分数折算（2023）

综合成绩＝高考投档成绩（含政策加分）×60%＋学校考核成绩/100×750×30%＋高中学业水平折算成绩×10%。

其中，高中学业水平折算成绩满分为 750 分，考生高中学业水平合格考试成绩 6 科目全部合格计 750 分。

根据考生综合成绩、专业志愿及华南理工大学在山东省的综合评价招生专业和计划数，按分数优先、尊重志愿的原则，确定录取专业。当综合成绩相同时，依次按高考文化成绩、高考数学成绩、学校考核成绩排序。

录取情况（2023）

华南理工大学近年综招录取情况			
年份	初审通过人数	面试通过人数	录取人数
2021	800	161	58
2022	未公布	300	68
2023	1171	483	80

相较 2022 年，华南理工大学 2023 年综合评价招生在山东录取人数增加了 12 人，但 2023 年入围面试人数也在增加，达到 1171 人，最终录取 80 人，面试录取率为 6.83%。

下附华南理工大学 2023 年普通类录取分数参考表。

华南理工大学普通类录取分数参考（2023）

年份	省份	类别	科类名称	专业名称	最高分	最低分	平均分
2023	山东	普通类	综合改革	信息工程（创新班）	661	661	661
2023	山东	普通类	综合改革	计算机类	656	654	655
2023	山东	普通类	综合改革	软件工程	654	653	653.8
2023	山东	普通类	综合改革	电气工程及其自动化（卓越班）	653	653	653
2023	山东	普通类	综合改革	工程力学（创新班）	651	651	651
2023	山东	普通类	综合改革	信息工程	652	650	650.8

（续表）

年份	省份	类别	科类名称	专业名称	最高分	最低分	平均分
2023	山东	普通类	综合改革	数学类	651	648	649.5
2023	山东	普通类	综合改革	电气类	652	648	649.2
2023	山东	普通类	综合改革	自动化类	649	647	648.3
2023	山东	普通类	综合改革	会计学	647	647	647
2023	山东	普通类	综合改革	物理学类	647	647	647
2023	山东	普通类	综合改革	工科试验班（智能装备与先进制造）	648	645	646.4
2023	山东	普通类	综合改革	临床医学	644	644	644
2023	山东	普通类	综合改革	大数据管理与应用	646	643	645
2023	山东	普通类	综合改革	生物科学类	644	643	643.5
2023	山东	普通类	综合改革	化工与制药类	644	641	642.5
2023	山东	普通类	综合改革	材料类	643	641	642.3
2023	山东	普通类	综合改革	交通运输类	642	641	641.7
2023	山东	普通类	综合改革	建筑学	648	640	644
2023	山东	普通类	综合改革	工科试验班（智慧土木与数字建造）	642	639	640.7
2023	山东	普通类	综合改革	土木工程（卓越全英班）	639	639	639
2023	山东	普通类	综合改革	风景园林	638	638	638
2023	山东	普通类	综合改革	工业设计	638	638	638
2023	山东	普通类	综合改革	工商管理（全英班）	636	636	636
2023	山东	普通类	综合改革	经济学类	638	635	636.8
2023	山东	普通类	综合改革	环境科学与工程类	636	633	634.5
2023	山东	普通类	综合改革	食品科学与工程类	636	630	633

（续表）

年份	省份	类别	科类名称	专业名称	最高分	最低分	平均分
2023	山东	普通类	综合改革	新闻传播学类	630	630	630
2023	山东	普通类	综合改革	工商管理类	629	625	627
2023	山东	普通类	综合改革	行政管理	620	620	620
2023	山东	普通类	综合改革	城乡规划	633	617	625

05 北京外国语大学

北京外国语大学坐落在北京市海淀区西三环北路，在三环路两侧分设东、西两个校区，是教育部直属、首批"211工程"高校、"985"优势学科创新平台高校、首批"双一流"建设高校。

北京外国语大学前身是1941年成立于延安的中国抗日军政大学三分校俄文队，后发展为中央军委外国语学校，建校始隶属于党中央领导。1954年更名为北京外国语学院，1959年与北京俄语学院合并组建新的北京外国语学院。1980年后直属教育部领导，1994年正式更名为北京外国语大学。

近年来，学校大力推进人才培养模式改革，成立国内高校首个教材处，建立北外学院、国际组织学院、国际教育学院，在原亚非学院基础上，扩建为亚洲学院、非洲学院，成立人工智能与人类语言重点实验室，加强国际传播能力建设，成立中华文化国际传播研究院、国家翻译能力研究中心等特色研究机构。学校拥有国家、省部级研究基地52个，开设本科专业121个，其中47个专业是全国唯一专业点，54个专业是国家级一流本科专业建设点，18个专业是省级一流本科专业建设点，8项教学成果获2021年北京市高等教育教学成果奖，其中，"多语种全球胜任力培养的北外模式"荣获特等奖。

学校现有4个国家重点学科（含培育学科），7个北京市重点学科。拥有一级学科博士点2个（外国语言文学、管理科学与工程），一级学科学术型硕士点11个（外国语言文学、中国语言文学、新闻传播学、法学、政治学、马克思主义理论、应用经济学、管理科学与工程、工商管理、教育学、世界史），专业硕士点8个（翻译、汉语国际教育、国际商务、金融、新闻与传播、法律、会计、工商管理硕士），涵盖文学、经济学、管理学、法学、教育学、历史学、工学七大学科门类。外国语言文学学科入选国家"双一流"建设学科。

招生计划及专业（2023）

年份	省市	专业	类型	计划数
2023	山东	俄语	综合评价	3
2023	山东	德语	综合评价	1
2023	山东	法语	综合评价	2
2023	山东	西班牙语	综合评价	2
2023	山东	阿拉伯语	综合评价	3
2023	山东	日语	综合评价	2
2023	山东	朝鲜语	综合评价	3
2023	山东	印地语	综合评价	1
2023	山东	缅甸语	综合评价	1
2023	山东	蒙古语	综合评价	1
2023	山东	僧伽罗语	综合评价	2
2023	山东	泰语	综合评价	1
2023	山东	斯瓦希里语	综合评价	1
2023	山东	保加利亚语	综合评价	2
2023	山东	捷克语	综合评价	2
2023	山东	罗马尼亚语	综合评价	1
2023	山东	塞尔维亚语	综合评价	2
2023	山东	匈牙利语	综合评价	3
2023	山东	意大利语	综合评价	2
2023	山东	尼泊尔语	综合评价	1

（续表）

年份	省市	专业	类型	计划数
2023	山东	芬兰语	综合评价	2
2023	山东	挪威语	综合评价	1
2023	山东	亚美尼亚语	综合评价	1
2023	山东	阿塞拜疆语	综合评价	1

报名条件（2023）

考生应同时具备以下条件：

（1）具有坚定的爱国主义信念，品学兼优、诚实守信、遵纪守法；

（2）高三第一学期期末（或最近一次模考）成绩在年级同科类排名前10%以内，并且语文和外语成绩均在同科类排名的前10%以内（北京外国语大学生源基地校和省级示范校可适当放宽排名限制）；

（3）外语学习能力突出，具有浓厚的外语学习兴趣；对区域国别和国际政治、经济、文化发展趋势有浓厚兴趣；

（4）高中阶段体能测试合格；

（5）符合《2023年普通高等学校招生工作规定》中的高考报名条件。

此外，北京外国语大学鼓励复语考生报考。复语考生是指熟练掌握英语、俄语、德语、法语、日语、西班牙语、朝鲜语等外语语种中任意两种语言的考生。申请复语考试的考生应提供由所在学校出具的复语学时证明或相关考试等级证明，经北京外国语大学审核通过之后方可具有参加复语测试的资格。西班牙语的复语考生须达到《欧洲语言共同参考框架》A2级水平，德语、法语的复语考生须达到《欧洲语言共同参考框架》B1级（德语复语考生达到DSD1级亦可），朝鲜语复语考生达到TOPIK3级，日语复语考生达到N2水平，俄语复语考生达到《普通高等学校招生全国统一考试俄语科考试大纲》的基本要求。

分数折算（2023）

综合评价成绩＝高考成绩×70%＋能力测试成绩×（当地高考满分值/50）×30%。

如高考满分值为 750 分，某考生高考成绩为 622 分，能力测试成绩为 42 分，则计算结果如下：

综合评价成绩＝622×70%＋42×（750/50）×30%＝624.4 分。

录取情况（2022）

省市	统招类型	最高分	最低分	平均分
山东	统招一批	643	619	630.24
山东	综合评价	632	574	602.27

下附北京外国语大学 2023 年普通录取分数参考表。

北京外国语大学普通类录取分数参考（2023）

年份	省市	科类	类型	专业	最低分	最低分排名	平均分	最高分	控制线
2023	山东	综合改革	统招一批	俄语	588	32972	599	614	520
2023	山东	综合改革	统招一批	日语	610	18428	615	618	520
2023	山东	综合改革	统招一批	传播学	612	17313	613	614	520
2023	山东	综合改革	统招一批	工商管理类	626	11151	626	626	520
2023	山东	综合改革	统招一批	金融学	627	10755	629	631	520
2023	山东	综合改革	统招一批	国际经济与贸易	629	10054	631	633	520
2023	山东	综合改革	统招一批	外交学	632	8962	633.67	636	520
2023	山东	综合改革	统招一批	国际组织与全球治理	633	8634	633	633	520

年份	省市	科类	类型	专业	最低分	最低分排名	平均分	最高分	控制线
2023	山东	综合改革	统招一批	德语	635	8049	635.5	636	520
2023	山东	综合改革	统招一批	西班牙语	636	7732	637	638	520
2023	山东	综合改革	统招一批	英语	637	7454	642	646	520
2023	山东	综合改革	统招一批	汉语言文学	638	7198	638	638	520
2023	山东	综合改革	统招一批	英语（国别与区域研究）	640	6627	646.5	653	520
2023	山东	综合改革	统招一批	法语	645	5296	647	649	520
2023	山东	综合改革	统招一批	英语（中国政法大学联合培养涉外法治人才）	646	5049	650.67	653	520
2023	山东	综合改革	统招一批	英语（中央财经大学金融学专业联合培养）	649	4377	654	659	520
2023	山东	综合改革	统招一批	翻译（外交外事高级翻译）	659	2522	659	659	520
2023	山东	综合改革	统招一批	西班牙语（中国人民大学国际新闻传播专业联合培养）	663	1971	663	663	520

06 上海纽约大学

上海纽约大学成立于 2012 年，是经教育部批准，由华东师范大学和纽约大学合作创办的中国第一所中美合办研究型大学，也是纽约大学全球体系中具有学位授予资格的三大校园之一。

上海纽约大学立足中国面向世界，依托纽约大学的先进教育理念和优质教育资源，致力于奉献卓越的教学、科研和社会服务，成为中国高等教育改革当中具有变革意义的"试验田"，培养学生成为具有国际视野、跨文化沟通能力以及创新能力的世界公民。

上海纽约大学本科阶段开设 12 个专业（含 19 个方向），以及丰富的辅修专业，涵盖商学、计算机与工程、自然科学、人文社科等各个领域。专业课程的设置在覆盖必要的专业知识的基础上，为学生充分留出了选择细分方向和跨学科应用的空间。学生可以自主组合定制化的专业知识与技能模块，形成个性化的专业发展路径与核心竞争力。同时结合通识教育塑造的跨学科的视野及能力，成为一专多能、触类旁通的多元人才，为未来个人发展创造最大化的可能性。

招生计划及专业（2024）

上海纽约大学 2024 年面向全国招收 251 名学生，招生计划不做分省安排，各省（自治区、直辖市）招生名额不设上下限，在所有申请学生中择优录取。

各省级招生主管部门编印的《2024 年普通高等学校招生专业和计划》中的上海纽约大学招生计划数及专业名称，仅用于学生高考志愿填报，与各省（自治区、直辖市）最终录取人数和学生就读专业无关。

报名条件（2024）

上海纽约大学寻找的是学业优异、英语能力突出，具有强烈求知欲和好奇心，勇于挑战自我，乐于尝试新事物，能够适应国际化竞争环境，并且愿意成为跨文化沟通桥梁的优秀高中毕业生。

符合普通高考报名条件并参加 2024 年高考的学生均可申请报考上海纽约大学。

上海纽约大学对申请材料进行审核后，将从所有申请学生中邀请部分优秀学生参加"校园日活动"，并在考量学生"校园日活动"表现的基础上，结合高考、高中学业水平考试、综合素质评价等，通过高校招生综合评价体系录取学生。

报名材料（2024）

（1）打印好的《上海纽约大学2024年校园日活动申请表》作为纸质材料的首页。

（2）高一、高二每学期期中、期末成绩和高三期中成绩（须注明单科满分），包含年级排名（按文理或分科组排名；如中学不提供排名，请出具证明），并加盖高中教务处公章。如中学有既定的格式，以中学出具的成绩单格式为准。如有缺考、缓考、休学、高中海外学习经历等特殊情况均可附页说明。请注意：拒不接受出国用途成绩单。如寄送的材料不符合上述要求，申请人将会被通知补寄，逾期不补者视为自动放弃。

如发现成绩不实，经查实后一律取消学生的申请和录取资格，并将所在中学纳入非诚信学校。

（3）高中学业水平考试（会考或合格考）成绩复印件。

（4）高中期间主要获奖证书复印件及其他证明自己特长和优势的材料（非必须）。

注：所有申请报考上海纽约大学的学生，需要在申请阶段提交英语语言测试成绩。

考核模式（2024）

初审合格的学生受邀参加上海纽约大学"校园日活动"，学校通过"校园日活动"主要考查学生的英语运用能力，以及求知欲、领导力、学习能力、适应能力、沟通表达能力、心理素质、团队精神等各方面素质。

07　昆山杜克大学

昆山杜克大学位于中国江苏省昆山市，学校致力于打造以通识博雅教育为特色的世界一流大学。昆山杜克大学由美国杜克大学与中国武汉大学联合创办，于2013年9月获得中国教育部正式批准设立。

昆山杜克大学于2014年8月迎来了首批学生，包括硕士研究生，以及来自杜克大学和国内外一流高校的本科生，接受一学期的交流学习。

2018年8月，昆山杜克大学迎来了首届本科生，开启了四年制本科学位教育。本科课程体系遵循通识博雅教育传统，强调批判性思维、创造力、协作和探索。

昆山杜克大学校园占地 1200 亩，校内配置了各类高科技设施。进入虚拟校园即可参观先进的教室和会议设施、图书馆资源、师生宿舍、餐厅及休闲设施。校园内多功能的会议场所、休息室和学习区可供学生独立自习或集体讨论课程内容，完成作业，参与丰富多样的校园学习生活。

招生计划及专业（2024）

昆山杜克大学 2024 年面向全国 22 个省（区、市）进行综合评价招生，22 个省（区、市）分别为北京、天津、河北、辽宁、吉林、上海、江苏、浙江、安徽、福建、山东、河南、湖北、湖南、广东、重庆、四川、陕西、江西、黑龙江、内蒙古和广西。昆山杜克大学 2023 年共计招生 300 名中国内地本科新生，2024 年本科招生计划待教育部批准之后再行公布，各省（区、市）的招生计划将于高考前经教育部和江苏省教育厅批准后正式对外发布。

昆山杜克大学本科实施通识博雅教育，新生入学时不分专业。学生在经过自由选课探索之后，最迟于大学二年级末根据个人兴趣和未来人生规划自主选择专业。

目前，昆山杜克大学已经开设的本科专业包括：1. 材料科学与工程；2. 数学与应用数学；3. 生物科学；4. 化学；5. 全球健康学；6. 环境科学；7. 国际事务与国际关系；8. 历史学；9. 数据科学与大数据技术；10. 经济学；11. 数字媒体艺术；12. 英语；13. 心理学；14. 计算机科学与技术。

报名条件（2024）

符合全国普通高考报名条件并参加上述 22 个省（区、市）2024 年高考的学生均可申请并报考昆山杜克大学。

昆山杜克大学寻找的是学习成绩优异、英语水平出色、对跨学科融合的创新型通识博雅教育有强烈的兴趣、善于沟通、好奇心强、有强烈的社会责任感和领导力潜质、富有创造性思维、有理想并愿意为之付出努力、能够适应国际化竞争环境，并且有志于成为世界范围内各行业领军者的优秀高中毕业生。

报名材料（2024）

完成在线申请的过程中，申请者必须完整填写 Slate 系统内要求的必要信息，并提交以下书面申请材料，所有申请材料应清晰、真实、完整。如学校发现申请者提交材料不实或者涉嫌抄袭，经查证后一律取消学生的申请和录取资格。申请材料包括：

（1）英文视频陈述（必须提供）

申请者通过 Slate 系统在线录制 3～4 分钟的英文视频陈述，内容包含以下三个方面：

①简短的自我介绍；

②从 Slate 系统提供的 7 个主题中自选一个进行阐述；

③阐述选择昆山杜克大学的理由以及契合度。

（2）高中阶段成绩单（必须提供）

成绩单应包括高一、高二每学期期中、期末成绩和高三第一学期期中成绩（须注明单科满分），年级排名（总排名或按文 / 理科排名，注明总人数）。成绩单必须加盖所在学校教务处公章，教务处经办人签字并注明联系电话。

（3）课外活动及荣誉证明材料（非必须提供）

（4）标准化考试成绩（非必须提供）

（5）一封推荐信（必须提供）

可由高中班主任、主课老师、升学指导老师或者学校领导撰写。

考核模式（2024）

校测形式："校园日活动"、体育测试。

初步审核通过的申请者将受邀到昆山杜克大学参加为期一天的"校园日活动"。通过面试和笔试（即英文写作测试）对学生的综合知识基础、思维能力、创新潜质、求知欲、团队精神、英语口头及书面表达能力等进行进一步考核，同时通过校园参观、团队活动、模拟课堂、在校生和家长分享等活动让学生和家长们对昆山杜克大学的校园设施、教育理念、学生服务有更直观、更深入的了解，昆山杜克大学在"校园日活动"中专门增加了体育测试环节（但不纳入录取考核分数），考生在提供的若干选择（例如俯卧撑、平板支撑、跳绳和投篮等）中任选一项完成即可。

分数折算（2024）

昆山杜克大学将综合评估申请者高考成绩（权重50%）、学校自主综合评估成绩（权重40%，包括对Slate入学申请和补充材料的全面评估以及申请者"校园日活动"表现）、高中学业水平考试成绩（权重10%），按照"5-4-1"模式进行综合评分，择优录取。如果所在省（区、市）高中学业水平考试的合格性考试成绩为合格与不合格，且等级性考试成绩纳入高考总成绩，则这些省（区、市）的自主综合评估权重以50%计算，即按照"5-5"模式进行综合评分，择优录取。

录取情况（2023）

2023年，昆山杜克大学共录取本科新生405人，综合评价招生收到的国内申请为3956份，在国内22个省（区、市）录取300名学生，其中在江苏录取90名，北京录取48名，上海和山东各录取36名。

08 上海科技大学

上海科技大学（简称：上科大），是一所由上海市人民政府与中国科学院共同举办、共同建设，由上海市人民政府主管的全日制普通高等学校。2013年9月30日，上海科技大学经教育部批准同意正式成立。学校致力于服务国家发展战略，培养创新创业人才，为国家转型发展提供科技解决方案、发挥思想库作用，积极投身高等教育综合改革，努力建设一所小规模、高水平、国际化的研究型、创新型大学。该校入选第二轮"双一流"建设高校。

招生计划及专业（2024）

上海科技大学2024年在北京、天津、辽宁、上海、江苏、浙江、福建、江西、山东、河南、湖北、湖南、重庆、四川、贵州、云南、陕西、甘肃等18个省（市）开展本科招生，招录人数为500名。

上海科技大学2024年拟按照物理学、化学、材料科学与工程、生物科学、生物技术、生物医学工程、电子信息工程、计算机科学与技术、数学与应用数学、管理科学、工业设计、外国语言与外国历史共 12 个本科专业招录学生。其中，数学与应用数学、管理科学、工业设计、外国语言与外国历史专业仅在部分省（市）招录。

报名条件（2024）

理工科基础扎实，在科学创新、批判思维、人文素养、沟通协作及社会责任等方面综合素质优秀并具备学科特长，参加 2024 年普通高等学校招生全国统一考试的高中理科毕业生（高考综合改革省份须选考物理和化学）均可报考上海科技大学。

报名材料（2024）

（1）自述信 1 封：申请者可以从自身学科特长、感兴趣的专业方向、未来规划以及报考理由等方面进行阐述，独立完成自述信一封（800 字以内）。

（2）自我介绍视频：申请者结合自述信内容，选取实例进行自我介绍，时长 3 分钟以内，视频上传要求详见报名系统。

（3）推荐信 1 封：由申请者班主任或任课老师、课外活动指导老师等叙述该生特点及推荐理由（800 字以内）。

（4）申请者本人高中阶段成绩单（成绩单需注明每门满分数值，经学校证明人签字并加盖教务部门公章），学业水平考试成绩。

（5）其他能反映申请者自身特点的相关材料（申请者在学科特长、思想品德、身心健康、人文素养、社会实践等方面突出表现的写实记录，获奖证书及荣誉称号，综合素质档案材料等）。

"校园开放日"活动流程（2024）

（1）材料审核

学校对所有考生提交的申请材料进行审核后，确定参加上海科技大学"校园开放日"的考生名单，名单将于 5 月底在报名系统中提供查询。

（2）综合面试

"校园开放日"将通过以综合面试为主的多样性活动全面考查考生综合素质。

（3）时间地点

学校在 2024 年 6 月 10 日—20 日，分多期举办"校园开放日"。最终日程安排以报名系统内公告为准。

（4）综合评价

学校招生委员会将根据考生申请材料及"校园开放日"整体表现进行综合评定，表现优秀的学生将获得"校园开放日"成绩。

"校园开放日"成绩分档如下：

A 档：20 分；B 档：15 分；C 档：10 分。

（5）结果公示

学校将考生名单及其"校园开放日"综合成绩、录取政策、录取结果等信息报送其所在省（市）招办（考试院）备案，并按照教育部相关规定在学校本科招生网进行公示，接受社会监督。

录取情况（2023）

上海科技大学山东省本科录取综合分数线			
年份	录取数	录取最高分	录取最低分
2021	45	680	631
2022	45	663	633
2023	46	680	655

09 南方科技大学

南方科技大学（简称：南科大），是国家高等教育综合改革试验校，是由广东省领导和管理的全日制公办普通高等学校，是深圳市创办的一所创新型大学。

2022 年 2 月 14 日，教育部等三部委公布第二轮"双一流"建设高校及建设学科名单，南方科技大学及数学学科入选"双一流"建设高校及建设学科名单。学校借鉴世界一流理工科大学的学科设置和办学模式，以理、工、医为主，兼具商科和特色人文社科的学科体系，在本科、硕士、博士层次办学，在一系列新的学科方向上开展研究，使学校成为引领社会发展的思想库和新知识、新技术的源泉。

报名条件（2023）

身心健康、志存高远、勇于担当、独立思考、具有学科特长和创新潜质，参加 2023 年普通高等学校招生全国统一考试的高中理科毕业生（新高考省份须选考物理）均可报考南方科技大学。

报名材料（2023）

（1）网上注册报名

符合报名条件的学生，登录南方科技大学招生网站（https://zs.sustech.edu.cn）的网上报名系统（https://register.sustech.edu.cn），按有关要求如实填写相关内容，进行网上注册报名。

（2）上传报名材料

完成网上注册后，学生还需按照要求填写个人基本信息、家长基本信息、中学经历、高中成绩、个人获奖信息（非必需），准备以下材料，扫描或拍照后通过南方科技大学网上报名系统提交，并确保上传文件清晰可读。

①由本人撰写的自述信一份（讲述自己的简历、兴趣爱好、理想等），可手写或打印后由考生本人签名，字数约 800 字。

②高中成绩记录（需加盖公章），包括高一、高二年级历次期末考试成绩、高中学业水平考试成绩、高三年级最近 2～3 次模拟考试成绩（校级以上模考、联考），写明各科得分、总分及年级排名，注明各科满分。

③获得中学生数学、物理、化学、信息学、生物学学科奥林匹克竞赛全国决赛三等奖（含）以上的证书(非必需)。

④其他获奖证书和证明自己特点、特长的材料。

考核模式（2023）

南方科技大学 2023 年本科招生继续采用基于高考的综合评价录取模式，建立以学生高考成绩、高中学业成绩和高校自主测试成绩为根据的综合评价录取体系。具体选拔程序如下：

（1）初评

南方科技大学组织专家组对考生的报名材料进行审核，2023 年 5 月中下旬完成审核，并公示通过初评的考生名单。

（2）能力测试（机试）

通过初评的考生获得南方科技大学自主能力测试机试资格，南方科技大学于 2023 年 6 月 11 日下午举行全国统一机试，在举行机试的各省（自治区、直辖市）均设有机试考点，并通过招生网站公布机试的具体时间、地点。

（3）能力测试（面试）

机试结束后，南方科技大学通过招生网站公示获得面试资格的考生名单，于 2023 年 6 月中下旬在各省（自治区、直辖市）分别举行面试。

（4）优录政策

获得中学生数学、物理、化学、信息学、生物学奥林匹克竞赛全国决赛一等奖、二等奖、三等奖的考生，网上申请南方科技大学综合评价招生并参加能力测试，机试成绩按实际得分分别加 15 分、10 分、5 分计（百分制）；

在只设面试的省份，以上一、二、三等奖考生面试成绩按实际得分分别加 15 分、10 分、5 分计（百分制）。

上述各项成绩加分后以满分 100 分为限（百分制）。

成绩折算（2023）

南方科技大学按考生的综合成绩择优录取。高考成绩（折算成百分制）占综合成绩的 60%，南方科技大学组织的能力测试成绩占 30%（机试 25%、面试 5%），高中学业成绩占 10%（综合素质 3%、高中学业水平考试成绩 7%）。考生综合成绩满分为 100 分。若综合成绩相同，高考成绩高者优先录取；若综合成绩、高考成绩都相同，南方科技大学能力测试成绩高者优先录取；若综合成绩、高考成绩、南方科技大学能力测试成绩都相同，依次比较高考数学成绩、理综（物理）成绩、语文成绩、外语成绩，择优录取。

高中学业水平考试成绩满分7分，根据各省（区、市）官方提供的高中学业水平（合格性）考试各科成绩进行评分。高中学业水平（合格性）考试成绩以等级形式呈现的省份，成绩等级A、B、C、D对应赋分分别为7分、6分、5分、4分，考生高中学业水平考试成绩=（∑各科目等级赋分成绩）÷科目数。高中学业水平（合格性）考试成绩以分数形式呈现的省份，考生高中学业水平考试成绩=（∑各科目分数）÷（∑各科目满分）×7分。高中学业水平（合格性）考试成绩仅以合格/不合格形式呈现的省份，考生高中学业水平考试成绩全部科目合格计满分7分。

录取情况（2022）

年份	最低分	最低位次
2019	624	约6900
2020	640	约6400
2021	625	约6700
2022	622	约6200

10　深圳北理莫斯科大学

深圳北理莫斯科大学是由深圳市人民政府、北京理工大学和莫斯科国立罗蒙诺索夫大学（简称：莫斯科大学）三方合作设立的具有独立法人资格的中外合作大学。学校以建设独具特色的世界一流国际化综合性研究型大学为目标，致力于开展精英教育以及高水平科学研究和创新活动。2016年10月，学校获教育部批准正式设立。2017年学校招收首批本科生和硕士研究生，2018年招收首批博士研究生，2020年获批博士后创新实践基地，2021年入选广东省高水平大学重点学科建设高校。

深圳北理莫斯科大学位于深圳市龙岗区国际大学园路1号，占地面积33.37万平方米。学校以高精尖为教育发展方向，开展本科、硕士和博士层次的学历教育以及非学历教育。学校远期办学规模为5000人，本科生与研究生比例为1:1。学校从2017年起招收本科生、硕士研究生，从2018年起招收博士研究生。学校采用中文、俄语、英语三种语言进行教学。

深圳北理莫斯科大学已开设11个本科专业，与莫斯科大学联合在9个学科12个方向开展硕士研究生培养，在6个学科11个方向开展博士研究生培养。其中俄语、数学与应用数学、材料科学与工程、国际经济与贸易4个本科专业先后入选广东省一流本科专业建设点。2021年学校入选广东省新一轮高水平大学重点学科建设高校，数学、材料科学与工程、生物学、应用经济学4个学科入选广东省重点建设学科。

招生计划及专业（2023）

序号	专业代码	专业名称	选考科目要求	学籍	学历学位
1	070101H	数学与应用数学	物理必选	莫斯科大学学籍和深圳北理莫斯科大学学籍（简称"双学籍"）	莫斯科大学毕业（含学位）证书和深圳北理莫斯科大学学历学位证书
2	071001H	*生物科学	物理、化学、生物任选一门		
3	080401H	材料科学与工程	物理必选		
4	020101H	经济学	不限		
5	070301H	化学	化学必选		
6	050202H	俄语	不限		
7	020401H	国际经济与贸易	不限	深圳北理莫斯科大学学籍（简称"单学籍"）	深圳北理莫斯科大学学历学位证书
8	080909TH	电子与计算机工程	物理必选		
9	071001H	*生物科学（英语授课）	物理、化学、生物任选一门		
10	080303TH	智能感知工程	物理必选	深圳北理莫斯科大学学籍（简称"单学籍"）	深圳北理莫斯科大学学历学位证书
11	020310TH	金融科技	物理必选		

注：各专业选考科目最终以各省市考试院公布为准。

说明：1. *生物科学专业按双学籍和单学籍平行招生，培养方案均依据莫斯科大学该专业培养标准制定。考生报考该专业时，需仔细阅读高考报名所在地公布的招生专业目录。

2. 双学籍专业的主要教学语言为俄语，单学籍专业的主要教学语言为英语、中文。其中，国际经济与贸易专业和生物科学（英语授课）专业的主要教学语言为英语。

报名材料（2023）

（1）网络报名

考生须在规定时间内登录深圳北理莫斯科大学招生信息网 (https://admission.smbu.edu.cn) 本科综合评价招生报名管理系统进行报名，按要求如实填写个人基本信息，并根据系统提示上传相关报名材料。

（2）上传材料清单及要求

①考生近期免冠照证件照。半年内拍摄的彩色免冠 2 寸标准证件照，底色不限，JPG 或 JPEG 格式，在系统上传附件处上传。

②高中学习成绩单。含高中期间历次期末考试成绩、高中学业水平合格性考试成绩、最近 2～3 次省、市级或校级统一考试成绩。考生需按照成绩单模板填写并打印，由所在中学核实并加盖学校或教务部门公章，在系统上传附件处上传盖章扫描件或照片。

③高中综合素质档案及其他。例如学生社区服务、社会实践经历、研究性学习、自主选修课程学习情况、获奖情况等反映考生综合素质发展情况的写实性材料，在上传附件处上传扫描件或照片。

分数折算（2023）

（1）高考录取时综合成绩计算方法：

综合成绩 = 高考成绩 ×60%+ 学校测试成绩 /100×750×30%+ 高中学业水平考试成绩 /100×750×10%

（2）学校测试成绩计算方法：

学校测试成绩 = 专业基础能力测试成绩 ×50%+ 外语测试成绩 ×50%

（3）高中学业水平合格性考试成绩折算方法：

高中学业水平合格性考试成绩 = 各科目折算成绩总和 ÷ 科目数

高中学业水平合格性考试各科成绩均需达到合格。学校根据各招生省（直辖市）提供的有效的高中学业水平考试各科成绩，折算以下科目成绩：语文、数学、外语、物理、化学、生物、思想政治、历史和地理。考试成绩使用"合格"呈现的，按 100 分折算；考试成绩用等级呈现的，按照 A=100 分、

B=90 分、C=80 分折算。

注：浙江省考生 10 门学业水平考试科目（含技术）成绩均须合格（新高考改革前的考生，信息技术和通用技术成绩就高计为技术成绩）；同时综合素质评价须达到 B 等（新高考改革前的往届生 P 等）及以上。

录取情况（2022）

年份	省市	最低分	最低位次
2022	山东	536	79148

2021 年以及 2022 年深圳北理莫斯科大学综合评价招生政策并没有明显的区分，但是到了 2023 年，深圳北理莫斯科大学本科综合评价招生政策发生了巨大的变化，分别有针对适用于"3+1+2"高考改革省市、适用于"3+3"高考改革省市以及适用于传统高考省市的政策，从这个变化可以看出，综合评价政策划分得更加细致了。

从招生对象来看，2021 年的招生对象为"综合素质高，全面发展，具有外语学科特长、创新思维、国际视野和社会责任感的优秀高中毕业生"，但是到了 2022 和 2023 年，招生对象变为"志存高远，全面发展，具有外语学科特长与兴趣、创新思维、国际视野和社会责任感的优秀高中毕业生"，增加了一个"志存高远"的要求，从中也能看出该学校对于学生的要求是越来越高了。

从招生计划来看，2021 年该校计划在北京、广东、山东等共 18 个省（自治区、直辖市）招收 670 名本科学生。但是到了 2022 年，该校计划在 21 个省（自治区、直辖市）招收 678 名本科学生，新增的招生区域有吉林省、浙江省以及天津市。

从招生专业来看，该校招生专业也在逐年增加，从 2021 年的 7 个专业增加到 2022 年的 9 个专业，再到 2023 年的 11 个专业，新增的专业有金融科技、生物科学（英语授课）以及化学等，这也从侧面反映出来，该校综合评价招生逐渐趋于开放多元化。

第三节　综合评价招生院校的成绩定位

根据 2022 年招生录取情况，本书大致对在山东省进行综合评价招生的院校进行定位，给出各校录取分数、位次的区间供各位考生参考。

分数	位次	综合评价招生院校录取分数及位次参考表（2022）							
680	55	中国科学院大学							
670	191								
660	535								
650	1258	浙江大学							
640	2522								
630	4458		南方科技大学	上海科技大学		上海纽约大学			
620	7171				香港中文大学（深圳）		华南理工大学	哈尔滨工业大学（威海）	北京外国语大学
610	10837	山东大学	昆山杜克大学	中国海洋大学					
600	15488								
590	21378							山东师范大学	

（续表）

分数	位次	综合评价招生院校录取分数及位次参考表（2022）					
580	28545	山东大学	昆山杜克大学	中国海洋大学	中国石油大学	深圳北理莫斯科大学	山东师范大学
570	37404						
560	47769	青岛大学	昆山杜克大学	山东财经大学			
550	60132						
540	74306						
530	90626		山东科技大学		青岛科技大学		
520	108929						
510	129051						
500	150917						
490	173993						
480	197882						
470	222304						
460	247047						
450	271267						

各校在录取时高考成绩和综合素质成绩的占比并不一样。

深圳北理莫斯科大学 2023 年主要采用基于高考成绩的综合评价录取模式，即根据学生的高考成绩（占 60%）、学校测试成绩（占 30%）和高中学业水平考试成绩（占 10%）进行综合评价排名，择优录取。

根据《北京外国语大学 2023 年"一带一路"外语专业综合评价招生简章》，参加北京外国语大学综合评价招生测试结果合格的考生，其综合评价成绩为考生的高考（实际考分）、能力测试两个方面的成绩以当地高考成绩满分值按 7:3 的比例加总。学校依据综合评价成绩从高到低排序录取考生，综合评价成绩相同的，依次录取能力测试外语口试、能力测试中文面试成绩高的考生。

根据上海纽约大学发布的 2024 年最新政策，学校本科招生委员会将根据学生初审环节及"校园日活动"表现，在对每位学生的情况进行严谨的评价和讨论的基础上，确定优先录取（A. 预录取）、考虑录取（B. 待录取）和不予录取三类情况，并对前两类学生给予相应录取政策：

A. 预录取指除高考成绩未达到生源所在省本科第一批录取控制线（合并本科批次的省为特殊类型招生控制分数线）者，全部录取；

B. 待录取指除高考成绩未达到生源所在省本科第一批录取控制线（合并本科批次的省为特殊类型招生控制分数线）者不予考虑外，学校对其他学生将根据包括高考成绩在内的各项因素，综合评定，择优录取。

昆山杜克大学 2024 年将综合评估申请者高考成绩（权重 50%）、学校自主综合评估成绩（权重 40%）、高中学业水平考试成绩（权重 10%），按照"5-4-1"模式进行综合评分，择优录取。

2022 年，山东省内高校通过综合评价招生约 1700 人，入选人数约 8400 人，平均录取率在 20% 左右，各校录取率在 19.08%～25.75% 之间。面向多省市招生的高校中，部分高校数据不全，预估录取率在 6.71%～31.58%。

目前，综合评价招生已成为山东省考生冲击名校的重要升学途径之一，每年都有大批优秀考生关注报考。考生和家长一定要提前了解相关报考政策，提前做好升学规划。

据不完全统计，山东省内综合评价招生高校 2021 年平均降分在 30 分左右，部分院校降分 70 分左右。对于考生而言，综招不仅让考生多了一次高考录取机会，还有可能被降分录取，建议成绩与往年特殊类型招生控制线相差不大及以上的考生尽量争取报考。

平时成绩在 580 分左右及以上的考生还可以兼报强基计划，提升报考通过率。建议重点关注山东大学、哈尔滨工业大学（威海）、中国科学院大学、南方科技大学等高水平大学。

针对普通学生，如适合报考的院校层次接近，建议根据自己未来的专业意向来择校，关注高校王牌专业。如意向师范类专业可以报考山东师范大学，意向经济类专业可以报考山东财经大学，意向工科类专业可以报考山东科技大学、青岛科技大学等。

从各校综合评价招生简章来看，考生高一到高三期中、期末大考成绩，学业水平考试成绩等，也是初审考核项目之一，建议考生务必重视平时考试成绩，尤其是历次模考成绩。

第四章

综合评价招生
录取分析

第一节　省内综招院校近年招生录取数据汇总

近年来，山东省内报考综合评价招生的人数每年都有 10 万之多。2023 年山东省内综招院校通过综合评价招生 1890 人，比 2022 年扩招 130 人；报名人次 11.9 万，比 2022 年的 10.8 万上涨 1 万多人；入围人数 10226 人，各校最终录取率在 16%～25% 之间。下附山东省内综招院校的报名人数汇总。

院校名称	2021 报名人数	2022 报名人数	2023 报名人数
山东大学	30127	16940	17573
中国海洋大学	3923	4539	3251
中国石油大学（华东）	9362	9248	12104
哈尔滨工业大学（威海）	21364	11807	16265
青岛大学	7122	8754	10340
山东师范大学	9150	16162	16318
山东财经大学	8781	15147	16153
青岛科技大学	6501	13684	13158
山东科技大学	4781	11718	13866
总计	101111	107999	119028

下面为各位考生汇总山东省内综招院校近年招生录取数据。

1. 山东大学近年招生录取数据

学校	时间	初审通过人数	复试入围人数	录取人数／招生计划数
山东大学	2020	2477	1504	300
	2021	3314	1529	300
	2022	3014	1768	300
	2023	3354	1857	300

2020 年初审通过人数为 2477 人，复试入围 1504 人，复试入围率为 61% 左右，最终录取人数为 300 人，复试录取率为 20% 左右。

2021 年初审通过人数为 3314 人，复试入围 1529 人，复试入围率为 46% 左右，最终录取人数为 300 人，复试录取率为 20% 左右。

2022 年初审通过人数为 3014 人，复试入围 1768 人，复试入围率为 59% 左右，最终录取人数为 300 人，复试录取率为 17% 左右。

2023 年初审通过人数为 3354 人，复试入围 1857 人，复试入围率为 55% 左右，最终录取人数为 300 人，复试录取率为 16% 左右。

2. 哈尔滨工业大学（威海）近年招生录取数据

学校	时间	初审通过人数	复试入围人数	录取人数／招生计划数
哈尔滨工业大学（威海）	2020	1076	578	130
	2021	1440	654	130
	2022	1411	652	130
	2023	1560	653	130

2020 年初审通过人数为 1076 人，复试入围 578 人，复试入围率为 54% 左右，最终录取人数为 130 人，复试录取率为 22% 左右。

2021 年初审通过人数为 1440 人，复试入围 654 人，复试入围率为 45% 左右，最终录取人数为 130 人，复试录取率为 20% 左右。

2022 年初审通过人数为 1411 人，复试入围 652 人，复试入围率为 46% 左右，最终录取人数为 130 人，复试录取率为 20% 左右。

2023 年初审通过人数为 1560 人，复试入围 653 人，复试入围率为 42% 左右，最终录取人数为 130 人，复试录取率为 20% 左右。

3. 山东师范大学近年招生录取数据

学校	时间	初审通过人数	复试入围人数	录取人数／招生计划数
山东师范大学	2020	1761	1322	330
	2021	—	1544	350
	2022	6836	1614	330
	2023	8056	1964	380

2020 年初审通过人数为 1761 人，复试入围 1322 人，复试入围率为 75% 左右，最终录取人数为 330 人，复试录取率为 25% 左右。

2021 年初审通过人数未公布，复试入围 1544 人，最终录取人数为 350 人，复试录取率为 23% 左右。

2022 年初审通过人数为 6836 人，复试入围 1614 人，复试入围率为 24% 左右，最终录取人数为 330 人，复试录取率为 20% 左右。

2023 年初审通过人数为 8056 人，复试入围 1964 人，复试入围率为 24% 左右，最终录取人数为 380 人，复试录取率为 19% 左右。

4. 山东财经大学近年招生录取数据

学校	时间	初审通过人数	复试入围人数	录取人数／招生计划数
山东财经大学	2020	1475	1114	350
	2021	4325	1358	350
	2022	8983	1395	350
	2023	11578	1401	350

2020 年初审通过人数为 1475 人，复试入围 1114 人，复试入围率为 76% 左右，最终录取人数为 350 人，复试录取率为 31% 左右。

2021 年初审通过人数为 4325 人，复试入围 1358 人，复试入围率为 31% 左右，最终录取人数为 350 人，复试录取率为 26% 左右。

2022 年初审通过人数为 8983 人，复试入围 1395 人，复试入围率为 16% 左右，最终录取人数为 350 人，复试录取率为 25% 左右。

2023 年初审通过人数为 11578 人，复试入围 1401 人，复试入围率为 12% 左右，最终录取人数为 350 人，复试录取率为 25% 左右。

5. 青岛大学近年招生录取数据

学校	时间	初审通过人数	复试入围人数	录取人数／招生计划数
青岛大学	2020	1625	606	240
	2021	—	1303	300
	2022	—	745	150
	2023	—	1260	210

2020 年初审通过人数为 1625 人，复试入围 606 人，复试入围率为 37% 左右，最终录取人数为 240 人，复试录取率为 40% 左右。

2021 年初审通过人数未公布，复试入围 1303 人，最终录取人数为 300 人，复试录取率为 23% 左右。

2022 年复试入围 745 人，最终录取人数为 150 人，复试录取率为 20% 左右。

2023 年报名人数为 10340 人，复试入围 1260 人，最终录取人数为 210 人，复试录取率为 16% 左右。

6. 山东科技大学近年招生录取数据

学校	时间	初审通过人数	复试入围人数	录取人数／招生计划数
山东科技大学	2020	2594	1105	220
	2021	1599	523	180
	2022	—	917	180
	2023	—	1094	180

2020 年初审通过人数为 2594 人，复试入围 1105 人，复试入围率为 43% 左右，最终录取人数为 220 人，复试录取率为 20% 左右。

2021 年初审通过人数为 1599 人，复试入围 523 人，复试入围率为 33% 左右，最终录取人数为 180 人，复试录取率为 34% 左右。

2022 年复试入围 917 人，最终录取人数为 180 人，复试录取率为 20% 左右。

2023 年复试入围 1094 人，最终录取人数为 180 人，复试录取率为 16% 左右。

7. 中国海洋大学 2023 年招生录取数据

学校	时间	初审通过人数	复试入围人数	录取人数／招生计划数
中国海洋大学	2023	552	226	50

2023 年报名人数为 3251 人，初审通过人数为 552 人，复试入围 226 人，复试入围率为 41% 左右，最终录取人数为 50 人，复试录取率为 22% 左右。

8. 中国石油大学（华东）2023 年招生录取数据

学校	时间	初审通过人数	复试入围人数	录取人数／招生计划数
中国石油大学（华东）	2023	2354	720	120

2023 年报名人数为 12104 人，初审通过人数为 2354 人，复试入围 720 人，复试入围率为 30% 左右，最终录取人数为 120 人，复试录取率为 16% 左右。

9. 青岛科技大学 2023 年招生录取数据

学校	时间	初审通过人数	复试入围人数	录取人数／招生计划数
青岛科技大学	2023	—	1051	170

2023 年报名人数为 13158 人，复试入围 1051 人，最终录取人数为 170 人，复试录取率为 16% 左右。

10. 山东省内综招院校 2023 年录取最低分

山东省内综招院校录取最低分（2023）			
序号	院校	最低位次	最低分
1	山东大学	16249	614
2	哈尔滨工业大学（威海）	16634	613
3	中国海洋大学	24134	600

（续表）

序号	院校	最低位次	最低分
4	中国石油大学（华东）	30860	590
5	青岛大学	89531	540
6	山东师范大学	89461	540
7	山东财经大学	99225	534
8	青岛科技大学	165320	501
9	山东科技大学	170376	499

第二节　省外综招院校近年招生录取分析

省外高校在山东进行综合评价招生的院校目前有 10 所，分别是中国科学院大学、浙江大学、华南理工大学、北京外国语大学、上海纽约大学、昆山杜克大学、上海科技大学、南方科技大学、深圳北理莫斯科大学、香港中文大学（深圳）。

省外这 10 所高校的层次从"985 工程""211 工程""双一流"高校到中外合作高校，覆盖面极广，基本能覆盖中高分数段的绝大部分考生。

在山东省进行综合评价招生的 10 所省外高校中，南方科技大学和上海纽约大学只以综合评价的方式招生（本科生），昆山杜克大学、上海科技大学和香港中文大学（深圳）均在综合评价和提前批招生。对于山东考生来说，这是额外增加了一次就读名校的机会，符合条件的考生可以通过综合评价招生抓住机会，进入理想的目标高校。

综合评价招生录取数据（2022）

省外高校山东省 2022 年综合评价招生录取数据					
院　　校	招生计划（面向山东）	初审通过人数	入选人数	校测通过率	录取率（入选后）
中国科学院大学	15	846	—	—	—
北京外国语大学	41	334	311	93.11%	13.18%
南方科技大学	84	1540	1252	81.30%	6.71%
上海科技大学	45				

（续表）

院　校	招生计划 （面向山东）	初审通过人数	入选人数	校测通过率	录取率 （入选后）
浙江大学	30	150	95	63.33%	31.58%
华南理工大学	68	958	340	35.49%	20.00%
香港中文大学（深圳）	94	—	482	—	19.50%
深圳北理莫斯科大学	—	—	—	—	—
昆山杜克大学	—	—	—	—	—
上海纽约大学	—	—	—	—	—

综合评价招生最低投档线（2023）

省外高校山东省综合评价招生最低投档线（2023）		
院　校	高考投档最低位次	高考投档最低分
中国科学院大学	354	683
北京外国语大学	32940	588
南方科技大学	—	—
上海科技大学	—	—
浙江大学	2971	656
华南理工大学	14899	617
香港中文大学（深圳）	—	—
深圳北理莫斯科大学	74939	549
昆山杜克大学	—	—
上海纽约大学	—	—

　　2023 年在山东省进行综合评价招生的省外院校招生人数相较 2022 年整体呈上涨趋势，如华南理工大学扩招 50 人，上海科技大学、昆山杜克大学各扩招 40 人。参加省外综合评价招生的考生的高考投档分数从 549 分到 683 分，这个分数段覆盖范围十分广，基本能够满足中高分数段考生的需求。

第三节　综合评价招生报考误区分析

近几年，综合评价招生已经成为高考特殊类型招生的主要途径之一。对于山东省的考生来说，共有19所大学可供报考，这无疑增加了考生进入名校的机会。不过，有些考生也存在一些疑惑和误解，下面针对一些常见的误区，做简单分析，以帮助考生进一步了解综合评价招生。

综合评价招生报考过程中常见的误区有：

（1）参加综合评价招生必须有学科竞赛奖吗？

不是。综合评价招生不像自主招生那样对学科竞赛奖项有严格要求，除了学科竞赛奖项外，综合评价招生更看重考核学生的综合素质及学业水平测试成绩。

奖项固然是一个加分项，但并不是必备条件。成功通过综合评价招生考核的考生或是专业性强，个人规划与目标高校高度符合；或是有极具特色的个人风格，热心公益、积极参与社会实践；更或是对某一领域有个人独特的研究。所以只要你够优秀，就不要错失机会。

（2）有竞赛奖项就一定能通过吗？

不是。综合评价招生是对学生综合素质的全面考量。

竞赛奖项不是最终通过综招考核的必要条件，而只是作为考生参与综合评价招生的补充材料。考生对目标院校专业的了解、考生的表达与沟通、考生的自主学习能力、考生对社会的责任感等都会是目标院校考查的重点。

所以对于只是成绩优异、获得很多竞赛奖项的考生，如果不能很好地匹配专业、客观正确地看待自我，也不一定能通过所报考高校的考核。

（3）只有尖优生才能参加综招吗？

不是。虽然成绩优异的学生在报考综合评价招生时占据优势，但是对于顶尖的学生来说综招只是锦上添花，给自己多一个选择。而且综合评价招生是对考生综合素养的考量，对于那些成绩距离目标名校相差 20~30 分的考生，综合评价招生无疑是雪中送炭。

成绩不是特别拔尖的考生可以通过自荐材料、特长优势、个人陈述、言谈举止等各方面的优秀表现来通过高校面试官的考核。

（4）高三花一年时间准备综招材料就行吗？

不是。高中学业规划是一个长线规划，并不是单点单面的。

有不少老师和家长认为，考生到了高三再准备综合评价招生的材料也可以，但一份具有含金量的综招材料需要很多素材支撑，如果考生在高三才着手准备，往往会搞得手忙脚乱，甚至影响考生高三学业的复习。

更何况准备综招初审材料就已经是一个非常复杂的工作，等到高三学习任务重、时间紧，很难拿出大把的时间再去准备材料。

所以建议考生在高一阶段就提前做好规划，在保证学业成绩的同时，完善自身的综合素质，适当参加一些具有含金量的比赛。这样到了高三才能游刃有余，留出充足的时间备战高考。

那么，作为一名高中生，应该如何正确备考综合评价招生呢？

建议考生在高一时，只需要打好学业成绩基础，重视期中、期末及学考成绩，熟悉新高考以及综合评价政策就好，在兼顾好课内学业时，可依据兴趣培养一至两门学科特长。

到了高二，建议考生可以接触并了解目标高校，做好相关规划，例如，确定要报考的目标院校以及目标专业。同时，建议学有余力的考生也可以冲击下自己擅长的一些在教育部白名单上的竞赛，做下赛事获奖储备，以增加成功率。

高三时，考生就要根据自己报考的目标院校，陆续准备报名材料，包括但不限于自荐信、推荐信等一些书面材料，需要注意的是那些书面材料都要有针对性地进行书写，要与学校和专业相匹配才更有机会通过初审。

第四节 综合评价招生报考典型案例介绍

案例 1

考生小档案	
高考时间	2021
所在高中	临沂市某中学
荣誉特长	"语文报杯·时代新人说"全国中学生征文大赛奖项证书 "外研社杯"全国中学生外语素养大赛奖项证书
高考分数	605
就读高校	山东大学

王同学，2021 届考生，通过综合评价招生考进山东大学。

王同学是临沂市某中学的学生，选科化生地，偏爱外语。王同学是个很有语言天分的女生，性格十分活泼开朗，喜欢音乐，平时成绩也非常出众，是比较典型的社会型和艺术型考生，有"语文报杯·时代新人说"全国中学生征文大赛和"外研社杯"全国中学生外语素养大赛的奖项，目标是能在自己的分数范围内读一个好的本科院校，父母也非常注重给她选择优势的院校平台。根据自己的喜好，也凭借着奖项优势，王同学尝试走综合评价招生，让自己多一条升学途径的选择，她报考了北京外国语大学和山东大学的小语种专业。

综合评价招生初审结果，王同学通过了山东大学的综评初审，高考成绩出来后，王同学的成绩是 605 分，接近 15000 的位次，综合评价招生的面试，王同学发挥也非常出色，最终被山东大学日语专业录取。山东大学是国家"985 工程"大学，科研实力雄厚，文化底蕴丰富，2021 年其日语专业的普通本科最低录取分是 615 分。对于王同学来说，整整增值 10 分！

录取后，王同学说："我的这个位次排名，其实比平时发挥得差很多，15000 的位次可能连山东大学的最低分数线也达不到，没想到通过综合评价招生，我能有机会上山大，真的是多亏选择了综合评价招生这条升学途径，才能读到这么好的大学，让自己有了更好的受教育平台！"

案例 2

考生小档案	
高考时间	2022
所在高中	淄博市某中学
荣誉特长	全国青少年科技创新大赛省级一等奖
高考分数	582
就读高校	哈尔滨工业大学（威海）

赵同学，2022 届考生，通过综合评价招生考进哈尔滨工业大学（威海）。

赵同学是淄博市某中学的学生，选科是物化生，擅长动手操作，日常成绩在 600 分左右，并拥有教育部白名单赛事中全国青少年科技创新大赛省级一等奖奖项。赵同学从中学阶段就非常喜欢计算机学科，像很多男孩子一样，有着"玩转电脑"的梦想，希望通过高考冲击名校的计算机专业，但是又觉得自己的学习成绩稍有不足。在学校听老师说了综合评价招生的升学途径后，通过与父母沟通交流，决定参加综合评价招生，作为他冲击名校的一条捷径。

在综合评价招生的报考过程中，赵同学一共报名了上海科技大学、南方科技大学、哈尔滨工业大学（威海）三所学校。赵同学 2022 年夏季高考的成绩是 582 分，接近 27000 的位次。经过综合评价招生的复试环节，赵同学成功通过了哈尔滨工业大学（威海）的复试，最终被该校的软件工程专业录取。2022 年哈尔滨工业大学（威海）软件工程专业普通高考招生的最低分是 612 分，9943 位次。

收到录取通知书后，赵同学非常激动，说幸亏参加了综合评价招生考试，给予自己升名校的机会，如果是通过正常的全国统一高考报考的话，他是完全没有机会入读哈尔滨工业大学（威海）

的，通过综合评价招生相当于给他加了 30 分。要是想单纯提高学习成绩 30 分，难度是非常大的。综合评价招生可以说是给了赵同学在高考升学上最好的通道。

案例 3

考生小档案	
高考时间	2019
所在高中	济南市某中学
荣誉特长	全国中学生数学奥林匹克竞赛省级二等奖
高考分数	549
就读高校	中国石油大学（华东）

李同学，2019 届考生，通过综合评价招生考入中国石油大学（华东）船舶与海洋工程专业。

李同学是山东省济南市某中学的学生，理科，热爱数学，曾获全国数学奥林匹克竞赛的省级二等奖，但是他日常考试成绩在 550 分左右，在报考过程中李同学想借用奥数竞赛证书的优势，冲击一个理工科的好学校，为自己将来的就业提供一个好的平台。

在综合评价招生报名时，李同学选择了中国石油大学（华东）和青岛大学，两所学校的初审都顺利通过。在高考成绩出来之后，李同学发挥比较稳定，高考成绩是 549 分，鉴于出色的综招面试成绩，顺利通过两所高校的复试。最终李同学选择了更有优势的"211 工程"院校平台，入读中国石油大学（华东）。

中国石油大学（华东）在 2019 年的理科录取中，普通类船舶与海洋工程专业最低分是 592 分，李同学通过综合评价招生轻松实现了增值 43 分！

升入大学的李同学异常开心，没想到自己能和那么多优秀的同学在一起共同经历美好的大学时光，他非常珍惜来之不易的学习机会，表示会更加努力，实现自己更好的人生价值。

案例4

考生小档案	
高考时间	2021
所在高中	青岛市某中学
荣誉特长	叶圣陶杯全国中学生新作文大赛奖项
高考分数	576
就读高校	中国海洋大学

周同学，2021届考生，青岛市某中学学生，通过综合评价招生升入中国海洋大学。

周同学选科政史地，具有良好的语言天赋，自幼学习英语，喜欢文学，高中阶段获得叶圣陶杯全国中学生新作文大赛奖项。平时考试成绩在580分左右，英语成绩突出一些。她的大学梦想就是在自己喜欢的城市，读一个喜欢的专业，最好是语言类的专业。

周同学的父母非常支持她的想法，也尽力帮助她去寻找更好的升学方法。在了解到综合评价招生的报考优势后，果断帮助她填写了综合评价招生的报名材料。鉴于周同学语言方面的优势和她倾向就读于熟悉的城市，她最终选择了中国海洋大学的小语种专业。

中国海洋大学是山东省内知名高校，也是一所理工为主、文史兼备的综合类院校，学科门类齐全。周同学2021年夏季高考的成绩是576分，通过出色的面试表现，她成功通过了中国海洋大学的综招复试。

在志愿填报时，抱着冲一冲的心态，周同学在提前批填报了中国海洋大学的综合评价招生，结果被幸运录取！周同学入学后，非常开心，说这个分数能在家门口读名校，真的是非常幸运，通过综招，她相当于加了20多分呢！

案例5

考生小档案	
高考时间	2021

（续表）

所在高中	临沂市某中学
荣誉特长	擅长英语
高考分数	556
就读高校	青岛大学

崔同学，2021届考生，通过综合评价招生考入青岛大学英语专业（语言大数据创新实验班）。

崔同学是临沂市某中学的学生，自幼父母就培养她的语言学习能力。她英语成绩优秀，喜欢将英语配音作为自己的闲暇娱乐。崔同学日常的成绩在550分左右，选科是化生政，因为热爱英语，她报名了青岛大学的英语专业（语言大数据创新实验班）和山东师范大学的英语专业，凭借出色的面试表现，崔同学通过了两所高校的综合评价招生，最终选择了青岛大学。青岛大学的英语（语言大数据创新实验班）是结合了计算机与英语的创新型专业，对于女生而言也是非常适合的。

2021年，崔同学的高考分数是556分，同年青岛大学普通类英语专业的招生最低分数是581分，相当于增值25分。崔同学说，选择一个合适的升学途径，可以在关键的时候给自己的成功加码。

案例6

考生小档案	
高考时间	2019
所在高中	青岛市某中学
荣誉特长	绘画、钢琴、舞蹈、古筝等多门艺术类考级证书
高考分数	525
就读高校	山东师范大学

张同学，2019年青岛市某中学文科毕业生，通过综合评价招生考入山东师范大学。

张同学是个多才多艺的女孩，性格活泼开朗，自幼参加了舞蹈、绘画、古筝等多门艺术类培训，有多个艺术类的考级证书。张同学的文化课成绩不是特别好，在本科线附近，目标就是能在自己的分数范围内读一个好的本科院校。考虑到文科的分数在本科线左右读到好的公办本科是比较困难的，而张同学的学业水平考试成绩是 7A，并有绘画和钢琴的艺术特长，可以尝试走省内学校的综合评价招生途径。4 月份各高校的综合评价招生简章出来后，山东师范大学的学前教育专业最低要求是 5A，而且有艺术特长要求，非常符合张同学的报考条件，于是她报考了山东师范大学的综合评价招生。

张同学通过了山东师范大学的综评初审，后期的复试张同学凭借自己的艺术特长，发挥也非常出色，最终被山东师范大学录取。山东师范大学是社会声誉优良的综合性高等师范院校，科研实力雄厚，文化底蕴丰富，2019 年的最低录取分是 573 分，张同学整整增值 48 分！

录取后，张同学的父母说："如果不是了解到综合评价招生这条途径，我们不敢去尝试报考山东师范大学，要不然这个分数只能读到民办本科，可以说，是综合评价招生改变了孩子的一生！"

案例 7

考生小档案	
高考时间	2022
所在高中	聊城市某中学
荣誉特长	英语和作文类竞赛奖项
高考分数	535
就读高校	山东财经大学

金同学，2022 届考生，通过综合评价招生考入山东财经大学经济学专业。

金同学的选科是物理、生物、地理，平时考试成绩在 520 分左右，有英语和作文类竞赛的奖项。通过学校老师发布的通知，了解综合评价招生后，金同学想尝试这样的报考机会，给自己升学加一道保险。性格沉稳善于思考的金同学，对财经类的知识非常感兴趣，所以报考了山东财经大学的综合评价招生。

初审通过后，金同学对高考的信心更加充足。山东财经大学的综招复试要经过笔试和面试两个环节，高考一结束金同学就投入了综合评价招生紧张有序的备考之中。努力就有收获，金同学通过了山东财经大学的笔试和面试。

金同学 2022 年的高考成绩是 535 分，最终被山东财经大学经济学专业幸运录取，同年山东财经大学的普通类经济学专业最低分是 555 分，金同学相当于整整加了 20 分！

案例 8

考生小档案	
高考时间	2022
所在高中	枣庄市某中学
荣誉特长	全国中小学信息技术创新与实践大赛省级二等奖
高考分数	503
就读高校	山东科技大学

牛同学，2022 届考生，通过综合评价招生考入山东科技大学。

牛同学动手操作能力较强，喜欢计算机相关专业，在高中阶段获得过全国中小学信息技术创新与实践大赛的省级二等奖，因学业成绩一般，决定报考综合评价招生，冲一下省属重点高校山东科技大学。

牛同学的日常成绩在 500 分左右，高考成绩和日常成绩差距不大，503 分，这个分数想读到一个省属重点高校的计算机专业，如果不考虑中外合作办学的话，还是有困难的。但是牛同学的英语成绩也一般，读中外合作办学的专业也有压力，所以全力准备综合评价招生是牛同学最好的选择。

经过精心准备，牛同学的复试成绩不错，最终被山东科技大学录取，拿到录取通知书的他非常开心，立志在大学里要更加努力学习，将来用更好的实力去匹配自己的研究生之路。

案例 9

考生小档案	
高考时间	2020
所在高中	东营市某中学

（续表）

荣誉特长	全国青少年科技创新大赛省级一等奖
高考分数	519
就读高校	青岛科技大学

王同学，2020届考生，通过综合评价招生考入青岛科技大学。

王同学数理化实力非常强，曾获全国青少年科技创新大赛省级一等奖。可他的语文、英语成绩稍弱，细心程度不够，导致日常考试成绩不太稳定，成绩在540~570分之间徘徊。报考综合评价招生，可以说是给他的升学之路多了一份升学保险。

2020年是新高考改革的第一年，王同学高考发挥不稳，最终只考了519分，与自己的日常成绩还是有很大差距。通过青岛科技大学的综合评价招生，成了王同学的最大期望。凭借自己的数理基础，王同学在复试过程中顺利通关，如愿考入青岛科技大学的应用物理学专业。王同学表示幸亏当时选择了综合评价招生，让他多了一个选择，而且是最好的选择。

2020年青岛科技大学普通类物理学专业的最低录取分是563分，考了519分的王同学能够入读青岛科技大学，可以说是多亏选择了综合评价招生这条升学途径。

案例10

考生小档案	
高考时间	2022
所在高中	潍坊市某中学
荣誉特长	全国中学生数学奥林匹克竞赛省级二等奖
高考分数	587
就读高校	香港中文大学（深圳）

李同学，2022届考生，通过综合评价招生考入香港中文大学（深圳）。

李同学选科是物化生，平时成绩非常好，基本都在610分以上，有全国中学生数学奥林匹克竞赛省级二等奖证书，他报考了哈尔滨工业大学（威海）、山东大学、南方科技大学，还有香港中文大学（深圳）四所学校的综合评价招生。这四所学校中，李同学最想去的是香港中文大学（深圳），在那里学习可为他日后出国留学打好基础。

凭借优秀的成绩，李同学通过了香港中文大学（深圳）和哈尔滨工业大学（威海）两所高校的综合评价招生复试。可是最后的高考成绩出来，李同学却受到了很大的打击，他只考了587分。这个分数，只能说是有机会冲一冲名校。在志愿填报的时候，李同学抱着期望填写了香港中文大学（深圳）的志愿，在十几天后，他迎来了激动人心的录取消息。

李同学最终被香港中文大学（深圳）的理科实验班录取。

案例 11

考生小档案	
高考时间	2021
所在高中	淄博市某中学
荣誉特长	通过雅思考试
高考分数	602
就读高校	北京外国语大学

孙同学，2021届考生，通过综合评价招生进入北京外国语大学。

孙同学是淄博市某中学的学生，选科是政史地，喜欢小语种，最崇尚的是外交翻译的职业，北外是她的目标院校。

孙同学的日常成绩还是不错的，但是想通过普通高考考进北外，并没有太大的优势，甚至说还有一定的差距。但是自幼学习英语的她已经通过了雅思考试，通过综合评价招生报考北京外国语大学是她早就做好的规划。

凭借出色的语言类成绩，孙同学拿到了北外初审和复试的通行证。2021年孙同学的夏季高考成绩是602分，裸分上北外肯定是不可能的。北京外国语大学2021年普通批所有专业的最低录取分是627分，小语种要达到630分以上。非常幸运的是通过提前批的综合评价招生，让孙同学实现了梦寐以求的大学梦。拿到录取通知书的孙同学，带着深切的期盼和向往迈进北外校门，相信她的未来一定会更好！

案例 12

考生小档案	
高考时间	2021
所在高中	烟台市某中学
荣誉特长	无
高考分数	522
就读高校	深圳北理莫斯科大学

黄同学，2021 届考生，通过综合评价招生进入深圳北理莫斯科大学。

黄同学是烟台市某中学的学生，选科物理、生物、地理，平时考试成绩在 530 分左右，自己的大学梦想就是想去一线城市开阔眼界，学习财经类相关专业。

在了解到深圳北理莫斯科大学之后，黄同学对这所学校做了详细全面的研究，觉得这所学校的性价比非常高，在没有什么特殊奖项的情况下仍然积极备考了这所学校。黄同学非常幸运地拿到了这所学校的通行证，并在提前批报考了经济学专业。

黄同学 2021 年的高考成绩是 522 分，仅仅高出特殊类型招生控制线 4 分，幸运通关！深圳北理莫斯科大学的综合评价招生在这一年因为没报满进行征集，黄同学在提前批已经拿到了一线城市的大学录取资格，他对此非常满意！

第五章

综合评价招生笔试
面试准备

第一节　高校综合评价招生笔试面试真题解析

综合评价招生选拔的是学科特长与所学专业匹配并且综合素质优秀的学生。考生除了笔试成绩优秀，在面试中给老师留下好的印象也是非常关键的，尤其是不少高校在综合评价招生中不设置笔试，仅有面试，面试成绩就更加重要了。

关于学科特长与所学专业匹配这一点提醒我们，考生在后续的面试中，应该对学科特长有所展示，这就包括展示竞赛成绩、学习成绩、学习兴趣、对某一学科的了解广度等。

关于综合素质，包括很多方面，但是从高校面试的角度来说，数理基础、逻辑推理、学习兴趣、想象能力、表达能力、抗压能力、自驱力、自信心等都是常见的考核内容。

总体来说，面试的考查重点是以下五个方面：言谈举止、语言表达、思维逻辑、知识储备、道德价值。

那么高校面试的形式有哪些呢？

高校面试按照参加人数的多少可以分为个面和群面两类，按照考官的构成可以分为专业性面试和综合性面试。

按照个面和群面划分，个面常见的类型有一对一面试（体检式面试）、多对一面试等，群面主要有无领导小组面试、问答式多对多面试等。

1. 一对一和多对一面试

（1）面试方式概述

这类面试，一般时间会控制在 10 ~ 30 分钟之间。近几年大都在 15 分钟左右。

大多数高校都是采取 3 位老师对 1 名考生的标准半结构化考试，考官会在结构化题目之外，增加考查内容，以深化面试。

这类考试变种很多，比如，复旦大学多年采取一对一专家面试方式，一般会有 5 位专家，分 5

个场地进行。也有的高校为了充分了解学生的情况，会有 5 位或更多专家同场面试一位学生的情况。

考官一般会从考生的基本情况开始提问，比如，问一问为什么报考该校，家庭情况如何，学习情况如何，生活情况如何等等，考生据实回答即可。有的高校，尤其是报名考生较多的高校，考官可能只会问一下这些基本情况就会结束。一般基本情况了解不会超过 10 分钟。

如果面试时间充裕，就会进入到基本素质测试阶段。考生可能会被问及有关考生知识储备、学习能力、心理素质等诸多方面的问题。有的高校采取考官临场口头提问的方式，这些题目往往是比较宽泛，不需要考生计算思考就能回答的问题。有的时候，考官也会准备一些题目，打印在纸条上，在面试的时候，要求考生答出这些问题。为了体现公平、公正，大多数院校的面试题目是允许考生选择的，即一次给考生 2～3 道题目，让考生选择其中一道题目作答，也可能先给一道题目，如果考生要求更换，就给该考生一次更换的机会。当然，大多数院校的面试都会对更换题目的次数进行统计，更换题目往往会对考生得分产生负面影响。所以，如果能够作答，考生尽可能不要更换题目。

这类面试很像聊天，相对比较轻松，但也暗藏"杀机"。所以考生必须充满自信，在自信中充分发挥，尽可能多地展示自己的优点和长处，赢得考官的青睐。

（2）注意事项

第一，按照面试要求着装，注意形象。印象分是十分重要的。考生穿着一定要得体。除非特殊要求，未必都要穿正装，只要服装比较整洁，没有过多的装饰就好。女生不要化浓妆，男生的头发不要过长。能不穿运动服就不要穿运动服。校服一般不允许穿，建议不要穿。

第二，按照面试要求携带相关材料、物品。

第三，知识类问题"知之为知之，不知为不知"，诚实作答，切勿撒谎。

第四，注意身体语言。不要有过多的小动作。

第五，不要紧张，把面试当成和朋友的会面，一五一十地作答即可。

第六，注意目光交流，回答某位考官的问题，考生的目光应大多数时间停留在这位考官身上。

第七，言简意赅，不要长篇大论。

2. 无领导小组面试

（1）面试方式概述

考生被分成一些人数相等的小组。一般每组 6～10 人，然后每次一组考生参加面试。

首先，考官会向每组考生说明面试规则，然后发放讨论题目。比如"如何解决私家车日益增多而造成的城市交通拥堵问题"。一般这类题目会以一篇或多篇文章的形式出现。要求考生就问题，展开讨论，最终形成一个结论。

得到题目后，考生有 1～5 分钟阅读材料的准备时间。主要是梳理一下思路，想一想这个问题所涉及的方方面面。

准备时间过后，考官会宣布讨论正式开始，一般讨论会进行 20～45 分钟左右，也就是每位考生大约有 1～3 次发言机会，每次 1～3 分钟。

在讨论中，需要有人把题目和需要讨论的话题进行概括地陈述，并且提出讨论方案和大体的解决途径。这个人就是所谓的"破冰者"，即破题开题，打开话题，引导讨论的人。

如果破冰不利，也就是发言者未能把话题充分展开，没有抓住问题实质，这就需要其他考生参与继续破冰。如果破冰成功，就会引导话题顺利进入讨论过程。在讨论中，会出现观点碰撞，会有一些枝节问题出现，这个时候，如果能够自发形成一到两位话题组织者，把话题引回到主题上来，这个人其实就承担了话题领导者的任务。

最后，经过充分讨论，可能会形成观点，大家选一个考生进行总结陈述，向考官提交口头报告（有时也没有这个环节）。报告结束，面试结束。

无领导小组面试大概的程序就是这样。

这类面试对考生的综合素质要求非常高，要求考生必须具备一定的解决实际问题的能力。在讨论过程中，通过考生承担的角色可以发现这个学生的能力倾向、个人素质、理论水平等等。能够担任打开话题、话题引导和总结报告角色的考生会得到较高的分数。这些角色可能是一个人，也可能是多个人共同分担。参与话题不太积极的考生分数会比较低。此类面试往往会作为个人面试的补充。所以，如果考生在个人面试中已经表现优秀，而且不想冒险在群体面试中再争取高分，可以做一个积极的话题参与者，同样可以获得比较满意的分数。如果超越自己的能力，破题失败，引导失误或者总结混乱，反而会造成重大失分。

（2）注意事项

第一，要根据自己的性格特点、自身状况和现场情况，选择自己的角色。不然，有可能表现为不能正确进行自我认识。当团队中有比自己适合的领导者的时候，要把主动权让给他，自己积极配合，一个话题的积极参与者也同样可以得到高分，甚至超过开题者、引导者和总结报告人。

第二，把握讲话时机，言简意赅，点到即止。不要挑起争论。尽可能紧扣主题。

第三，要试图给消极跟随者机会，让小组形成团队。

第四，作为开题者，必须能够全面把握主题，展开主题，让大家把问题聚焦。

第五，作为领导者，应该能够引领话题，最终走向结论。时刻关注小组成员的动向，及时制止不必要的争论。协调小组的讨论，使小组的讨论气氛和谐、热烈。

第六，一个积极的话题参与者，应该能够把问题的各个层面考虑周全，为结论的严谨性、充分性和恰当性贡献自己的力量。充分讨论，不引起不必要的争论，不压制别人的观点。

第七，总结陈词，必须有概括性，有价值，有高度，有升华。不能浮于表面，不能流于形式。

接下来为大家示范解答两个常见的面试真题。

常见真题1：请你做个自我介绍。

考官观察点：举止是否得体；语言表达是否流畅；条理是否清晰；内容上能否给考官留下深刻印象。

示范回答：

各位老师好，下面我从课内学习、课外生活和未来规划三个方面向您做自我介绍。

第一是课内学习方面。我的排名目前能稳定在重点中学的前20%，虽然排名不是很高，但于我而言，从入学时几乎是学校最后几名进校，到现在的排名，这离不开家长、老师的鼓励和自己每一天、每一堂课、每一分钟的持续努力，这个过程让我体会到努力带来的快乐。我喜欢生物，高三期中考试获得赋分100分，我曾参加生物竞赛，虽然没有拿到奖项，但参赛的过程让我初步了解了大学阶段的一些生物知识，开阔了视野，认识了更多热爱生物学科的优秀同学，我很享受大家一起讨论、思考、做实验的快乐。

第二是课外方面。我的爱好广泛，长跑、听音乐、弹钢琴都是我长期坚持的课余活动。我获得过钢琴九级证书，钢琴是我从小到大的玩伴，即使到了高中，我仍然坚持弹琴，对我来说，弹琴不是负担而是一种放松和享受。除此之外，我还在班级担任班长，我积极参与班级与校园活动，也曾多次参加学校的合唱演出并获奖。

第三我想谈谈未来规划。高中三年对生物的热爱让我经常思考未来，学习医学的想法自高一开始萌生，一次次与老师、同学的探讨让我对医生这个职业有了一定的认知。回顾自己18年的成长经历，如果用三个词形容自己的话，助人为乐、善于沟通、热爱生物，这正是一位优秀医生应该具备的品质，也正是我的毕生追求。如果贵校能够录取我，我定会努力学习，坚持初心，成良医，善报天下人。

这个示范回答，条理很清楚，考官一听就知道考生讲了三个方面，分别是课内学习情况、课外爱好情况以及未来规划。然后每一部分内容中，都有一些"差异化"的经历可以打动考官，比如学习中从入学时候的倒数几名，前进至前20%，不要小看这成绩的进步，这背后体现的是考生在面对困境时是会选择妥协还是奋斗，这其实是一种在压力环境下的思维，也是在面试过程中考官非常看重的"成长型思维"的体现。

常见真题2：你为什么要报考这个专业？

考官观察点：自我规划是否清晰；报考该专业是被动的还是经过探索后的主动选择；是否适合报考该专业。

示范回答：

我报这个专业原因有三点。

第一，我觉得我的学习基础能够保证我学好这个专业。我在学校总成绩排名大概在　　前10%，其中数学一直是我热爱的学科，也是优势学科，数学成绩常年稳定在年级前1%，并且在没有参加过竞赛培训的前提下，参加了全国中学生数学奥林匹克竞赛，获得省级二等奖的成绩。我相信凭借在数学上的学习基础，能够保证我学好数学与应用数学这个专业。

第二，选择数学专业和我的性格、兴趣有关。我性格偏内向，这可能是坏事，因为它让我显得不善言谈，但也可能是好事，它让我更善于钻研。从小我就是别人眼中"坐得住"的学生，我在高二上学期曾为一道不会的数学题一夜未合眼，第二天天一亮就急匆匆地跑到学校请教老师，没想到老师很快就用微积分的方法解决了这个问题，他的思路更清晰，站得更高，所以解决得更快，这让我意识到我们高中学习的数学知识只是冰山一角，也让我对浩瀚的数学知识和各种定理着迷。

第三，到贵校学习数学与应用数学，能够帮助我实现职业梦想。我对自己未来的规划是能够做大学的数学老师，从事数学的基础研究工作，我了解到随着中美贸易战愈演愈烈，我们国家有很多技术被卡脖子，我也看到习近平总书记在与科学家座谈时表示，我们看似是技术上被卡脖子，实际上是缺乏基础学科的突破，我希望能为此做出自己微薄的贡献。贵校是国家基础数学人才培养基地，我初步了解到贵校的×××、×××教授是全国知名的基础数学方面的学者，我曾经在大学慕课平台听过两位老师的课程，对学习基础数学有了初步的体验，也很着迷。我想以上三点就是我报考贵校数学与应用数学的主要原因。

这类题目考查的重点是考生是不是一个善于独立思考、谨慎决策的人，本质上也是批判性思维的一种体现。考生在选择报考大学和专业时，是有足够的了解，还是随波逐流，这是非常关键的。所以去面试前，考生对所报专业仅有表面上的理解是不够的，还需要深入了解所报大学该专业的相关情况，除了到大学的网站去了解外，到大学慕课平台等网站去听听相应老师的课程也是一个不错的方法，如果能够找到一位或两位在学校就读的学长学姐进行一个访谈，或者亲临这个学校的校园走一走那就更好了。

为了让同学们能够熟悉真题，提前进行准备，本书为各位考生整理了在山东开展综合评价招生的院校的笔试、面试真题（因各高校未统一公布真题，故本书中整理的相关真题为考生回忆版），希望能够为各位考生提供参考。

01 山东大学

2020年后山东大学综合评价招生只有面试，重点考查考生的学科基础、科学精神、创新潜质及综合素养，综合素质档案作为学校考核的重要依据。

面试流程

山东大学综合评价招生的面试共分5轮，分别为人文素养、科学思维、创新精神、个性特长、外语能力。每个考生单独进一个房间，不准进行自我介绍，由三个考官提问，每轮面试时间在8~10分钟。整个面试结束，经过"车轮战"，整个面试流程至少需要40分钟。

面试真题（2022）

（1）谈谈你对航空航天的了解；阐述航天器的原理。

（2）谈谈你对疫情防控的看法。

（3）有9枚硬币，其中1枚与其他8枚的质量不同，现在只有1个天秤，你用什么方法可以最快找到质量不同的那枚硬币？

（4）谈谈你对人脸识别的理解。（计算机专业〈软件数媒与大数据方向〉）

（5）高中参加过什么比赛？拿过什么奖项？如何调剂比赛与学习之间的平衡？

（6）如何运用物理知识解决环境污染问题？

（7）你对现在的一些"卡脖子"技术有什么认识？请举一个具体的例子。

（8）为什么常见的一些电动车电池很难灭火？

（9）概述经济发展与环境保护的关系。

从以上真题可见，在山东大学综招面试中，虽然多数都会谈及考生对专业的理解，但很少涉及过于专业的内容。面试题目十分开放，更多的还是考查考生的综合素质。

面试真题（2021）

【计算机类和材料类专业】

（1）介绍一下自己的爱好，新高考选科情况及大学选择专业的规划。

（2）为什么选择这个专业？

（3）谈谈疫情对世界的影响，中国是怎样应对的，表现怎样？

（4）关于大数据，你了解多少？

（5）新高考选科中最擅长什么？从生活中列举相关的知识点。

（6）说一说神舟十二号载人飞船上天所需要的学科知识。

（7）谈谈你对屈原的了解。

（8）说说火箭燃料的原理。

（9）你认为应该如何阻断新冠病毒传播，请说出两条方案。

【网络空间安全专业】

（1）为什么要报考该专业以及专业基本常识等问题。

（2）谈谈生活中你遇到的让自己觉得受挫的事。

【药学专业】

（1）为什么报考这个专业？

（2）化学有哪些分支学科？

（3）如何鉴定药物的成分，用什么方法、什么仪器、什么技术？

（4）你对山东大学医药专业有哪些了解，通过什么途径了解的？

【专业组一】

（1）个人奖项与创新情况介绍。

（2）为什么选择该专业？

（3）一个小型的辩论，主题是：辩论可否获得真理。

（4）你认为自己有什么不足和缺点？

（5）你报的什么专业？是不是你最喜欢的？

（6）介绍一下高中三年你最喜欢的老师。

【电气工程自动化专业】

（1）自我介绍。

（2）神舟十二号载人飞船与自动化有哪些相关的知识？

（3）自动化的前提条件是什么？

（4）谈谈自动化的应用与前景。

（5）数学在生活中有哪些应用？

（6）你为什么选择报考电气工程自动化专业？

（7）电气工程中的"气"是什么意思？

（8）如何看待碳中和战略，并说说所学专业与它的关系。

（9）谈谈电力与能源的关系。

（10）神舟十二号载人飞船在太空中是如何获得能量的？

（11）高中有什么事有助于你学习本专业？

【化学专业】

（1）自我介绍。

（2）谈谈你对神舟十二号载人飞船的看法。

（3）如何看待美国打压华为的做法？

（4）谈谈你对节能减排的看法。

【预防医学专业】

（1）谈谈预防医学和数学的关系。

（2）在本次新冠疫情防控中，预防医学如何发挥作用？

（3）谈谈预防医学和生物学科的关系。

（4）概述疫苗的原理。

（5）谈谈对中国和外国新冠疫苗的看法。

（6）灭活疫苗和减毒疫苗有什么区别？

（7）谈谈数学在科研和生活中的应用。

（8）你的兴趣爱好有哪些？

（9）你获得过哪些竞赛奖项？

（10）用英语介绍一下山东大学的校史。

（11）你选择预防医学专业是否想以此为跳板转临床医学？

【法学专业】

（1）自选一个社会热点进行评析。

（2）如何看待社会公平？

【新闻传播学类专业】

（1）既然选择了新闻传播专业，那你应该有一定的新闻敏感度，请说出最近关注的新闻时事。

（2）平常喜爱读的书籍有哪些？有无阅读国外书籍？

（3）关于《红楼梦》电视剧，你对哪个演员印象最深刻？

【日语专业】

（1）自我评价。

（2）为什么选择该专业（日语）？

（3）一些和日本文学相关的问题。

【其他类专业】

（1）你的初中或高中有无关系很好的朋友，请介绍下他。

（2）"一带一路"的起止点及对其了解程度。

（3）如果一个宇航员从空间站逃逸，会对他产生什么影响？

（4）如果让你设计一条从北京到华盛顿的飞行线路，怎样设计最近？

面试真题（2020）

【计算机专业】

（1）谈谈你的个人兴趣爱好。

（2）怎么在代码中表示象棋的各种棋局？

（3）如何制作机器人？

（4）一位考生表示自己对书法、计算机感兴趣，考官就让该考生谈了谈书法与计算机有没有可能结合的地方。

【护理专业】

（1）结合一段描述某位护士在抗疫期间表现的材料，谈一谈自己的感受。

（2）谈一谈你对人口老龄化的理解。

【马克思主义理论专业】

（1）你为什么选择马克思主义理论专业？

（2）如果让你用三个词描述马克思主义，你会用哪三个？

【材料、微电子专业】

（1）介绍一下你的特长兴趣。

（2）谈谈你对材料学的了解。你为什么对材料学感兴趣？

（3）你为什么把微电子作为第二专业？

（4）生活中有哪些高分子？

（5）你对山东大学材料专业有哪些了解，认识哪些老师？

（6）对晶体材料有什么认识？

【机械类专业】

（1）你高中阶段在班里成绩怎么样？获得过什么奖项？对什么专业感兴趣？

（2）你觉得你选这个专业的优势是什么？

（3）已知地月距离，如何求月球半径？

（4）常见的传动方式有哪些？

（5）你是否尝试过制作一些机械？

【电子信息类专业】

（1）谈谈你的兴趣爱好和特长。

（2）你曾获得过什么奖项？

（3）你为什么选这个专业？

【土木类专业】

（1）雾霾是怎么形成的？你认为此前社会已下很大力气治理雾霾却没有根治的原因是什么？

（2）谈谈让你印象深刻的建筑群。

【其他专业】

（1）用英文谈谈对山东大学的了解。

（2）你觉得管理更重要还是技术更重要？

（3）对山东大学办学宗旨有什么理解？

（4）熟鸡蛋变回生鸡蛋能不能孵化出小鸡？

（5）如何解一个六次方程？

02 中国海洋大学

中国海洋大学的综招面试侧重考查学生的"学科特长与创新潜质"，同时重视对学生综合素质的考查；关于学科特长，建议考生多关注教育部白名单赛事。

面试真题（2022）

（1）请用物理学知识来解释"冰山一角"这个成语。

（2）请你解释一下海水是否遵循热胀冷缩原理。

（3）有学者建议把海南省改为南海省，意义是什么？

（4）全球气温上升对北极熊捕食有什么影响？

（5）对于海洋国际污染问题，请谈谈你的看法。

（6）请你说出浮游动物、底栖动物和游泳动物各自对海洋有什么污染？

面试真题（2021）

（1）敏感式电容的工作原理是什么？

（2）你觉得大学生应不应该参加体育运动？

（3）你觉得什么是流线型？

（4）转动和振动有什么区别？

（5）考生在回答问题时提到了弦论，考官追问这个理论和实际生活有什么关联？

面试真题（2020）

（1）用英语翻译给出的中文材料中的画线部分。

（2）你喜欢今天的天气吗？为什么？

（3）为什么选择海大？

（4）在校期间，如果有异性向你表示好感，你会怎么做？

（5）什么是低碳生活？你怎么看待低碳生活？请简要分析。

03　中国石油大学（华东）

面试流程

考生先抽取小组号，分若干小组，然后组内再抽取号，按照顺序依次进入考场，多对一面试，一般会有 5 - 6 位考官，每位考生大概有 10 分钟的面试时间，首先需要自我介绍。

面试真题（2021）

【法学专业】

（该考生介绍时表明自己擅长体育、摄影、绘画）

（1）谈谈摄影与数学几何的关系。

（2）请简单介绍一下苏东坡的人生哲学是什么？

（3）用几个关键词概括一下你的综合素质。

（4）你觉得你的自信来自哪里？

（5）你为什么要报考中石油的法学？

（6）你如何看待网络文学？

（7）如果你是摄影师，将如何为我们拍照？

（8）请你谈谈三胎政策和三孩政策的区别。

（9）什么叫文字驾驭能力？

（10）什么叫较强？最强？较好？

【地理物理学专业】

（1）一次性杯子上的图案为什么是绿色的？

（2）象棋和围棋的区别是什么？它们又有什么联系？

（3）用英语介绍你最喜欢的一个朝代。

（4）你觉得学习历史有什么作用？

（5）天和空间站中，宇航员怎么喝水？

（6）你在学习围棋的过程中有什么收获？

04 哈尔滨工业大学（威海）

获得学校考核入围资格并公示无异议的考生，须参加哈尔滨工业大学（威海）组织的综合素质测试。测试形式为面试，满分100分，重点考查考生的逻辑思维、人文素养、表达能力及创新意识等综合素质。

哈尔滨工业大学（威海）将根据考生的学校考核成绩，按照不超过招生计划1:5的比例，由招生工作领导小组分专业核定入围考生名单，并在教育部阳光高考信息平台和学校本科招生网予以公示。

面试真题（2021）

【软件工程专业】

（1）从技术、管理、服务等方面说明一下如何加强疫情防控？

（2）如何理解哈工大的校训？

【化学工程与工艺专业】

（1）能源为什么越来越重要？

（2）光伏发电会不会成为未来发展的趋势，为什么？

（3）报考这个专业以后会学习哪些内容，请你畅想一下。

【材料类专业】

（1）总结航天发动机的制造难点和意义，由此引发了你怎样的思考？

（2）哈工大校训是什么？你怎么理解？

（3）如果你遇到非常困难的问题，你会如何解决？

面试真题（2020）

理科专业必答题：为什么报考哈工大？

【材料类专业】

（1）结合一篇关于光伏的材料介绍，提问：两国开战，一方使用人工智能，一方使用老式的战术，你对此有什么见解？

（2）你的爱心是从内而外自发的，还是受周围人影响的？

【英语专业】

（1）结合一篇关于光刻机的材料介绍，提问：你通过这则材料认识到了什么或有什么看法，请简要描述。

（2）根据上一步的问题做进一步阐述。

【软件工程专业】

（1）考生自我介绍。面试官会根据考生的自我介绍提出问题。

（2）你怎么理解"精诚所至，金石为开"和"不撞南墙不回头"这两句话？

（3）请你谈谈现在智能手机的缺点和不足，有什么改进的措施吗？

05　青岛大学

通过初试的考生须参加青岛大学组织的复试，复试成绩满分为 750 分。复试主要考查学生的综合素质、专业素养和专业潜质。测试结束后，根据复试成绩由高到低，原则上按照不超过招生计划数的 5 倍确定入围名单。复试考场由考生随机抽签确定，考场内全程录像。入围考生名单在教育部阳光招生平台及青岛大学本科招生信息网上进行公示，并报山东省教育招生考试院核准备案。

青岛大学十分重视提交材料中的"亮点"以及与考生经历相关的话题。综合评价招生本身就是看重综合素质，所以不偏科、注重全面发展、"事事关心"的考生占优势。

面试流程

多对一面试，有 6 位考官随机提问，每位考生 10 分钟左右（3 分钟自我介绍 +7 分钟问答），非结构化面试，根据考生自我介绍会有几个随机问题。

面试真题（2021）

【英语专业（语言大数据创新实验班）】

（1）为什么报考青岛大学？

（2）（根据考生专业选择）谈谈你对所报专业的了解。

（3）你认为语言和大数据是怎样结合的？

（4）（根据自我介绍）你在课外的实践活动中有什么收获？

（5）你在课外参加过什么志愿服务？请具体阐述。

（6）你担任过班干部，如果班主任因为你的学习成绩下降而要撤掉你的职务，你会怎么办？

（7）你的体育好吗？有多好？

（8）从小到大你有经历过老师的不公平对待吗？

【软件工程专业】

（1）你的优点和缺点是什么？

（2）谈谈你对大学的理解以及规划。

（3）你为什么要报考软件工程专业？

（4）谈谈你对软件工程专业的理解。

（5）你获得的奥赛证书，是通过怎么学习考取的？

（6）你是怎么成为班干部的？担任班干部有怎样的体验？

【金融专业】

（1）你的自我介绍中提及你喜欢唱歌，请唱一首你最喜欢的歌吧。

（2）你在高中阶段印象最深刻的事情是哪一件？

（3）你怎样理解金融专业？

（4）"经济"的概念是什么？

（5）你对数字人民币的普及有什么看法？

（6）你对神舟十二号载人航天飞船的发射有什么看法？

【行政管理专业（公共管理数据科学创新实验班）】

（1）宿舍有晚睡的同学，你会怎么办？

（2）高中时学习压力一般比较大，你是怎么缓解压力的？

面试真题（2020）

【生物技术专业】

（1）自我介绍（3分钟）。

（2）说一说你高中的获奖和社会实践情况。

（3）你认为竞争和合作哪一个更重要？并说明理由。

（4）你对生命科学了解多少，你喜欢它哪方面？

（5）请你谈谈对"科学是无国界的，科学家是有国界的"这句话的理解。

（6）中学阶段你担任过什么职务？请说一下任职过程中遇到的印象最深的问题。

（7）"换头术"涉及伦理问题，但会给病人带来福音，你研不研究这项技术，为什么？

（8）你最喜欢的运动是什么？

【国际经济与贸易专业】

（1）用英文说一下自己的优缺点。

（2）你怎样看待"地摊经济"？

（3）你平时喜欢看什么书？是学校推荐还是自己购买？

（4）你喜欢看抖音吗？你平时会用网络软件学习英语吗？

【英语专业（语言大数据创新实验班）】

（1）你是如何看待人工智能和大数据的？

（2）你知道区块链吗？

【自动化专业】

（1）请你谈谈对工业互联网的认识。

（2）权威专家认为你的观点不对时，你如何去做？

（3）电热水壶的原理是什么？

（4）你对高中所学教材中的内容有过质疑吗？

【其他专业】

（1）你都有哪些社会实践经历？

（2）谈一下自己的人生规划。

（3）如果让你负责组织一场活动，需要校长发言，但是他堵车在半路上，这时候你应该怎么办？

（4）你如何看待美国打压华为的现象？

（5）请你谈谈对报考专业未来发展的思考。

06 山东师范大学

面试流程

（1）心理测试：相关安排请登录山东师范大学本科招生网查阅通知公告。心理测试结果将提交给综合素质面试专家评委。

（2）综合素质面试：满分100分，学校根据综合评价招生计划，分专业进行考生创新精神、专业潜质、学科基础及综合素质考查。

面试真题（2022）

【生物技术专业】

（1）新能源有哪些类型？请你谈谈生物技术对新能源的作用。

（2）请你谈谈生物技术对医学健康和农业生产的推动作用。

【教育技术学专业】

（1）作为21世纪的青年，处于中华民族伟大复兴的时代，你应该怎么做？

（2）刚经历了一段时间的线上学习，如果要加强学生课上的注意力，你会怎么做？

（3）"双减"政策出台，你认为信息技术学对学生"双减"有什么作用？

面试真题（2021）

【教育技术学专业】

（1）河北考生张某"我就是一名来自乡下的土猪，也要立志拱了大城市的白菜"引发人们的思考，请你对此表达自己的看法。

（2）信息技术在课堂教学中有什么作用，请举例说明。

（3）你如何看待教育焦虑的现状？

（4）你报考了教育技术学这个专业，假如你成为一名老师，你如何化解教育焦虑？

【汉语言文学专业】

（1）请你谈谈当代青年用社交软件交往的利和弊。

（2）作为一个优秀文学家，最重要的素质是什么？为什么？

（3）谈谈你看过的最富有创意的电影以及原因。

【学前教育专业】

教育是为了带给人们追求幸福的权力，但现代教育催生焦虑心理，请分析其原因。

【生物技术专业】

（1）你认为英语对于生物学的作用有哪些？

（2）你知道哪些现代生物技术，请举例说明。

07　山东财经大学

面试流程

综合素质测试重点考查考生的学科基础、创新精神、培养潜质及综合素养等，测试方式为笔试、面试。先进行笔试，笔试科目为1门（内容以财经基本素养为主），均为选择题，采用机读卡答题，满分100分。学校视学生来校参加笔试情况，划定笔试成绩合格线，确定取得面试资格学生名单，笔试成绩不合格者不得参加面试，面试满分100分。

山东财经大学近年综合评价招生采用的是不区分专业随机抽签分组的无领导小组讨论的面试形式。通过抽签确定每6个人一个小组，围绕给定主题开展半个小时左右的讨论。

08 山东科技大学

面试流程

山东科技大学采取"面试顺序与面试考题"现场随机抽签确定的方式，面试流程包括：集中候考→抽取面试次序→进入考场→抽取考题→答题→结束面试等步骤。面试时间约为8分钟，现场由4～5位考官组织进行面试，所设问题大体分为随机抽取的必答论述题和个人相关的追问题。

面试内容一般包括：

（1）自我介绍（一般在2分钟左右）（不得透露个人信息）；

（2）考生论述自己抽取的客观题（必答论述题）；

（3）根据考生的客观题回答情况，考官来提问一个问题（追问题）；

（4）考官问考生一些和考生自我介绍有关的问题，例如"兴趣爱好、家乡风俗、入学规划、在校情况、获奖情况"等（追问题），相关问题涵盖范围广泛，考生只需如实回答，与开头的自我介绍材料保持一致为基本原则。

面试真题

【与学习经历相关】

（1）谈谈你对自己高中的不满之处。

（2）你有没有参加过社会活动？

（3）你在机器人大赛获得过省级一等奖，如果让你来设计这场大赛，你将如何设计？（针对奖项）

（4）你最好的朋友是一个什么样的人？

（5）"叫外卖"是当下流行的趋势，谈一谈你对它的理解和认识。

【与未来发展规划有关】

（1）你对大学有什么期望？

（2）你为什么会选择山东科技大学？

（3）谈谈你对山东科技大学的了解情况。

（4）你想报考山东科技大学的哪个专业？为什么？

【与基础学科知识相关】

（1）请你介绍下唐宋八大家。

（2）水能变成油吗？

（3）近几年，出现了矿业开采污染环境的问题，谈谈该如何解决？

（4）"碳中和"和"碳达峰"对中国有哪些机遇与挑战？谈一谈你的看法。

（5）人工智能能否取代人类？为什么？

（6）如果世界上的事物都是热胀冷缩的会怎样？生活中有没有冷胀热缩的现象？

（7）请你谈谈科举制的产生与变迁，对此你有什么看法？

09　中国科学院大学

面试流程

中国科学院大学的面试环节，测试内容包括专家面试和体育测试科目。

每个面试小组由3名左右的专家组成。获得面试资格的考生于面试前随机抽取分组编号，每5名考生为一组共同参加面试，每组面试时间约为1小时，考生现场即兴发挥，回答问题。

中国科学院大学面试主要考查学生的数理基础、逻辑推理能力、想象能力、语言表达能力等综合素质，一般不出具刚性答案的题目。

例如关于学校的问题：你是如何了解中国科学院大学的？你了解的中国科学院大学有什么优势？中国科学院大学给你留下什么印象？

关于人文素养的问题：请你谈谈对创新精神和抗逆能力的理解；你最喜爱的一本文学书是什么？简要叙述内容并阐明喜欢它的理由。

关于时事热点的问题：你对中美贸易战有什么看法？在你看来，弱势群体包括哪些人？请你谈下对治疗新型冠状病毒肺炎的新药价格贵的看法。

关于学科的问题：请你举几个生活中用到之前学过的化学、物理、生物知识的例子；请你说一个高中阶段所做实验的实验原理。

体育测试科目为俯卧撑、仰卧起坐、立定跳远等。

面试真题（2021）

【电气工程专业】

（1）你们谁是独生子女？谁家是二胎？请你们谈谈对二胎的看法。

（2）跑步过程中含有哪些物理、化学、生物知识？

（3）对中医和西医你更支持哪一个？为什么？

（4）你最喜欢的一位科学家是谁？为什么？

（5）请你说出能体现你敏锐的观察力的一次实验或经历。

（6）中国参加数学竞赛的学生成绩普遍很好，但是中国的数学大师很少，你怎么看待这种现象？

（7）你对人工智能怎么理解，它和数学、物理的联系是什么？

【计算机专业】

（1）人工智能是否能取代人类？

（2）哪个科学家是你的榜样？

（3）如何计算一堵墙受到风的力。

（4）编程题：a等于一个数值，b等于一个数值，如何在不引入其他变量的情况下把a、b值互换？

【其他专业】

（1）新冠疫情时期，疫苗成为重要的防控疫情的工具，疫苗都分为哪几种？它们分别是怎样发挥作用的？

（2）你知道的计算机中的数学方法有哪些？

（3）近来作为虚拟货币的比特币非常火，请问你怎么看待比特币？以及你怎样看待区块链技术？

（4）如果你在来的路上衣服被雨淋湿了，请问回到宾馆怎样将衣服快速变干？

（5）汽车的雨刷器是如何根据雨量、雨速大小控制速度的？

（6）如何设计汽车，使汽车在转弯时不易侧翻？

（7）人脑和人工智能哪个更强？如何看待人工智能对人类的威胁？

（8）关于现行高考制度的优缺点，谈谈你的看法。

（9）尽可能多地写出证明勾股定理的方法。

（10）你喜欢国科大哪个专业？为什么？

（11）基础学科能为人工智能的发展做些什么？

面试真题（2020）

【计算机科学与技术专业】

（1）现场证明勾股定理。

（2）愚公和智叟的对话中，包含什么数学原理？

（3）请你举例生活中的化学原理。

（4）高考是不是选拔人才的最好方式？

（5）请你谈谈鲸和海豚从陆地进化到海洋的特点。

（6）请你谈谈海洋中藻类垂直分布的因素。

（7）你的高考估分是多少？

【材料科学与工程专业】

（1）请你谈谈在新冠疫情中印象深刻的一件事。

（2）请你谈下（依托北斗卫星组网为背景）卫星发射应用的技术，这些技术有什么意义？

（3）一个地区由于某些因素气温比周围低，为什么不能与周围通过热传递达到相同温度？

（4）解释数学归纳法的原理、变形，以及在生活中的应用。

【电气工程与自动化专业】

（1）谈谈勾股定理的证明。

（2）谈谈数列的极限。

（3）谈谈对中国梦的理解。

（4）谈谈对科技创新的理解。

（5）谈谈对科学家精神的理解。

（6）谈谈你的高考估分以及对高考的看法。

【其他专业】

（1）你高中最喜欢什么学科？其中最喜欢哪一部分？为什么？

（2）你最喜欢的科学家是谁？为什么？

（3）按照你目前的生物知识，请解释新冠疫苗的作用机理是什么？你认为疫苗研究完成后会不会控制疫情？

（4）你认为成为世界一流科学家要拥有怎样的品质？

（5）你认为人工智能能否取代人脑？为什么？

（6）国科大除外，你最喜欢的大学是哪所？为什么？

（7）估估你的高考分。

10　南方科技大学

南方科技大学2023年综合评价招生在山东省初审通过人数为1780人，比2022年多了240人。南方科技大学2023年综合评价招生采取机试+面试（上海校测仅面试）的形式。

机试试题：数学单元（40分）、物理单元（40分）、英语单元（20分），总分100分，数学、物理、英语共17个单元，每个单元名称、时长、题量有对应说明。

机试题型分为单项选择题和不定项选择题。

面试流程

通过考生自我介绍、答题、小组讨论、提问等环节，重点考查考生的科学思维、逻辑思维能力、想象力、灵活运用知识能力、人文情怀、社会责任、心理品质、知识素养。

面试流程如下：抽面试题（有一次换题机会，5分钟）→自我介绍和回答（5分钟）→考官随机提问。

面试真题（2021）

（1）人生不如意之事十有八九，当你遇到不如意的时候，你是怎么处理的？你用什么方法排解你的烦恼？

（2）你印象中最深刻的关于生命科学的实验是什么？你对此有什么看法？

（3）海水当中的污染物都有哪些？

（4）你如何看待大学中学习与能力的关系？

（5）如果要在火星上面发射飞船，要如何设计火星上的飞行器？

（6）针对现在"扶人反被讹"的情况，有人感慨是坏人变老了，有人说是老人变坏了，你怎么看待？

（7）如何做好情绪管理？

（8）如何应对挫折？

（9）你是否认为太阳系存在其他生命？

面试真题（2020）

（1）当前我国仍存在不少贫困人口，扶贫任务仍旧艰巨，而我国每年都有大量经费投入科研，你认为是否应该减少科研资金以增加扶贫投入？

（2）中国有名的油田有哪些？

（3）说出你印象最深的知名摇滚歌手及其代表作。

面试真题（2019）

（1）你最崇拜的人是谁？

（2）请你谈谈对南科大的认识和看法。

（3）你认为人类能否穿越时空？如果能，你最想穿越到什么时候？

（4）如果蚂蚁、蜜蜂这些昆虫消失了，对地球上的生物有什么具体的影响？

（5）世界上著名的渔场有纽芬兰渔场、北海道渔场等，它们是怎样形成的？

（6）有人说求学的道路太过艰辛，考完大学要读研、读博，等到学有所成时，早已青春不再，更有甚者一辈子默默无闻。相比之下，网红依靠互联网广泛的影响力，无须太多努力，就有可能一夜成名，成为众人焦点。你对这种现象有怎样的看法？

（7）为了保护本国产品，许多国家实施了"贸易壁垒"政策，你对此有何看法？

（8）你对手机折叠屏幕怎么看？

11 上海科技大学

2023年上海科技大学面向18个省（市）录取新生515人，相比2022年增长42人，山东录取46人。上海科技大学本科招生分为综合评价招生（校园开放日）和提前批招生。上海科技大学把参加"校园开放日"的考生的综合成绩与其高考成绩相加后，与其他报考了上科大但没有参加"校园开放日"的考生的高考成绩共同排序，择优录取。不参加"校园开放日"活动的考生，会比别人少拿10～20分的加分，所以准备报考上海科技大学的考生，建议一定要参加综合评价招生。

"校园开放日"流程

上海科技大学"校园开放日"活动持续一天，没有笔试，通过以综合面试为主的多样性活动全面考查考生的综合素质。学校招生委员会将根据考生申请材料及"校园开放日"整体表现进行综合评定，表现优秀的学生将获得"校园开放日"综合成绩。"校园开放日"综合成绩分档如下：A档20分；B档15分；C档10分。

"校园开放日"具体活动一

（1）综合写作

报告厅的大屏幕上先播放一段主题视频，然后考生根据拿到的相关文字资料，在50分钟内写下自己的看法和感受。据了解，每年的综合写作，社会上的许多热门话题都有纳入。

（2）团队活动

这一考核环节就极富上科大的特色。考生要知道，科学研究一方面是竞争性很强的活动，但另一方面也需要与他人沟通、合作。

（3）综合面试

团队活动结束后，考生需要参加一个 15 分钟的综合面试。

"校园开放日"具体活动二

（1）上课要点记录

首先考生被安排到一间教室，听某位教授讲授课程，然后要求当场写下讲课的要点。

（2）心理测试

课程结束，考生去做心理测试。

（3）无领导小组讨论

小组成员一起参加无领导小组讨论。

（4）团队活动

小组合作，共同完成一个任务。

（5）综合面试

多对一的面试形式，考生会被问到不同的问题，比如考官会结合考生的简历进行发问。

12　香港中文大学（深圳）

香港中文大学（深圳）2023 年在广东、浙江、山东、福建、江苏、上海 6 个省（市）实行综合评价招生，2023 年度有超过 25000 名考生报考香港中文大学（深圳）综评招生，达历年报考人数之最。最终入围的考生人数约为 4533 人，其中，山东面试入围人数为 531 人，录取 106 人，入围后录取率为 19.96%。

香港中文大学（深圳）综合评价招生入学测试包括初试和复试。初试形式为机考；复试内容为笔试、面试、体测。复试考完后，考生可自愿参加文理综合测试。

入学测试结束后，根据考生入学测试情况，学校按不超过招生计划数的 5 倍确定入围考生名单，同分顺延。入围考生名单在学校网站公示，并在山东省教育招生考试院备案。

香港中文大学（深圳）综合评价招生录取的依据并不完全取决于高考成绩。

综合评价成绩 =60% 的高考成绩（含政策性加分）+30% 的校测成绩 +10% 的高中学业水平测试成绩。

校测成绩由初试测试成绩和复试测试成绩组成，只有初试测试成绩达到进阶分数线的考生，其复试测试成绩才被计分并纳入总成绩。

校测总成绩（满分 225 分）= 初试测试（满分 75 分）+ 复试测试中英文写作（中英文写作满分各 52.5 分，共 105 分）+ 复试测试口试（满分 45 分）。体育测试结果作为录取的重要参考。

自愿参加复试文理综合测试的考生，其成绩将分为 A、B、C 三档：

A 档，校测初试测试成绩将计满分（即计为 75 分）。

B 档，校测初试测试成绩加 10 分（加分后的初试测试总分不超过 75 分）。

C 档，成绩不做参考，且不影响其他各科目成绩。

入学测试流程

（1）初试

初试为机考，重点考查考生的数学分析能力和人文素养，主要题型为不定项选择题（选错不扣分），但不建议考生在没有很大把握的情况下进行多选。考试内容是通识题，考查范围较广，包含一部分数学，一部分文科综合（文科基础知识 + 古文、现代文阅读）。其中数学难度不大，和高考数学卷前半部分难度差不多，每题 3 分左右；文科综合考查考生的文科基础知识和阅读能力，阅读量大，形式为 2 分 1 题的不定项选择题，还有长文章阅读选择，与高考科技说明文较为相似。机试总体难度不大，均为选择题，但题量挺大，大约 60 道选择题。

（2）复试

复试流程为中英文写作、口试、文理综合测试（自愿选择）。

①中英文写作

重点考查考生的中英文写作能力、分析能力、想象能力以及对社会、对世界、对生活的独立见解。中英文写作需要注重作文的结构、词汇、句式以及字数。英文作文不仅在词数上远多于高考英文作文，而且时间比较紧迫，需要考生快速组织语言。中文作文时间也很紧张，因此考生不仅要在不多的时间内快速完成，而且要精简地表达自己的观点。中英文写作只是在考查写论文的基本条件，语言要通俗易懂，务求观点明确、思路清晰、一目了然，不要出现长篇大论的举例和抒情。

②口试

重点考查考生英文听说沟通能力、逻辑思辨能力和表达能力。口试以全英文方式进行。

主要考查形式为小组讨论和问答。6 名考生为一组用英文进行小组面试（每组考试时间为 30 分钟），内容会涉及自我介绍、小组讨论、辩论、回答考官关于个人类或热点话题方面的提问等，该测试务求从领导力、团队合作、表达能力、逻辑思维能力等方面综合评价考生的水平。

面试考题虽然有一定的难度，但不会和高中所学知识脱节，只是对个人的文化素养和独立思辨能力有更高的要求。

③文理综合测试（自愿选择）

该测试旨在选拔文理兼备、全面发展且具有突出学术潜质的优秀考生，考核内容包括数学、物理、人文等学科。考试内容有 5 种组合方式，包括：①数学 + 物理 + 化学；②数学 + 物理；③数学 + 化学；④物理 + 化学；⑤数学。试卷作答时长一致，考生可结合本人学科强项或选科情况，选择其中的任意一种组合作答。

附加测试难度为竞赛难度，题目也有超纲内容，一道题 6 分，总共有 15 道不定项选择题，选错不扣分。但是，不参加或者参加后成绩一般不会影响到其他部分的考试成绩，增加非必需的附加测试是为理科成绩突出的学生打开一扇展现自己的窗口。

入学测试真题

香港中文大学（深圳）的综合评价招生考核内容经过精心设计，涉及面比较广，不仅仅考查考生的学科知识，也通过各类创新题型考核学生的观察能力、综合理解分析能力、表达能力和写作能力。

（1）初试：机考（数学、语文 + 附加）

主要测试考生的数学分析能力和人文综合素养，不仅考查考生的数学基础和灵活应用能力，也考查考生现代汉语和古代汉语的知识储备，以及对中外史实、历史现象的理解分析。

附加测试选考环节涵盖数学、物理、化学等学科知识点，侧重考查具有一定学科特长的考生利用学科知识分析和解决问题的综合能力。

（2）复试：中英文写作、英语口试

①中文写作

真题 1：从哥伦布等三个历史人物中选一个，穿越到他生活的年代并与他有一段经历。

真题2：做一个实验：先把左右两只手分别放入热水和冷水中，过一段时间后再一起放入温水中，来感受冷热程度。此时，右手感觉到冷，左手感觉到热。对此现象，写一篇500字以上的作文。

真题3：中国人总是对各种花有着各种联想，选取一种花并说明中国人对它的联想及其原因。

真题4：谈谈你对学校的"博文约礼"（意思是"知识深广谓之博文，遵守礼仪谓之约礼"）的理解。

真题5：如果有一天地球上的人类突然全部消失了，请你描述地球50年内发生的变化。

真题6：若你作为所在高中的校长，你会做出哪些举措来继承和改进原有的模式，更好地使学生发展。

②英文写作

真题1：将一部自己喜欢的中国电影推荐给外国友人，并介绍原因。时间45分钟，字数要求250词以上。

真题2：假如你要组织一群没来过中国的外国人参观，请选取一个地方，并说明原因。时间45分钟，字数要求250词以上。

③英语口试

真题1：用英文做自我介绍。

真题2：用英语介绍你最近看的一部电影或者一本书。

真题3：谈谈对你影响比较深的一件艺术品。

真题4：你认为使用手机会不会对寿命有影响？

第二节 综合评价招生面试备考要点

综合评价招生除了部分院校是笔试测试外,基本都是以面试考核为主,所以考生一定要重视面试。

言语表达能力是面试的重要测评要素,面试中语言技巧使用的优劣,直接反映了考生的知识和修养。考生良好的语言表达技巧,会推动面试顺利进行,协调与考官的沟通,使考官能够全面了解考生的知识能力和综合素质。

发表意见的技巧

为了争取考官的认可,考生除了要具备真才实学能够发表真知灼见,也要掌握表达自己观点的艺术,以此来促进考官对自己观点的理解和接受。

(1)考官提问时请考生注意听,抓住考官提问的要点,同时合理组织自己的语言,考官未说完,绝不能打断其话头,静待考官说完后再从容不迫地发言。

(2)保持与考官的及时沟通。

(3)不要固执己见,应该允许考官提出相反意见,并且虚心倾听,真诚请教。

(4)当问题属于中性或不易引起争论时,可直接坦率地提出自己的观点。

(5)当自己的观点不易被接受时,可以使用"层层递推法"和"反证法"。

"我"字的使用

(1)减少"我"字的使用频率。

(2)尽量变单数的"我"为复数的"我们"。

（3）用较有弹性的"我觉得""我想"来代替强调意味很浓的"我认为""我建议"等词语，以起到缓冲作用。

（4）使用"我们"的替代语，如"大家"等，避免语句重复。

（5）对"我"字做修饰和限定，如"我的拙见""我个人的看法"等。

（6）在符合语法的情况下省略主语"我"，如将"我认为这是一次成功的运作"省略主语变为"这是一次成功的运作"。

总之，除了在必须明确主体、承担责任的语义环境下，应慎用和巧用"我"字。

做恰当的解释

在面试中，解释是常用的表达方式。解释的目的是将考官不明白或不了解的事实、观点说清楚，或者是阐释某件事的原因，或者是将考官可能存有的误解及时澄清。

"解释"本身并不难，要使自己的解释达到预期效果，这就需要考生掌握一定的交流原则和技巧。

（1）解释的态度应端正。

考生在做解释时，不能因为考官要求你解释的问题太简单而表现得不耐烦或自傲。考官要求考生解释某一问题，往往考查的就是考生会不会解释。考生在做解释时必须态度诚挚，用富有情感的语言来说明问题。

（2）应适时收尾。

当解释实在难以奏效时，考生不必着急，"话不投机半句多"，如果考官已经做了某个判断，考生往往很难改变他的观点，这时转移话题是最好的解决办法。

（3）有理有据。

解释其实就是阐明自己的论点和论据。在确凿的证据和一定的逻辑推理下，考官会很容易接受考生的解释。

（4）实事求是。

解释时若真实情况难以直言，请考生不要寻找借口，强词夺理，更不能巧言令色，凭空编造。该解释的，就讲明客观原因，表明自己的态度；不该解释的，不要乱加说明。

考生若有不便直说的或考生不愿在考场表露的，可以如实向考官说明并请求他们的谅解。

（5）承担责任。

当考生被要求解释自己过去工作中的失误或某些不足时，若仅仅说明事情的经过而回避自己的责任，就不明智了。在承担责任时，要就事论事，将责任严格限定于所解释的事情上，不要随意扩大。

（6）间接解释。

即以第三者的角度去解释，包括自己学校老师的说法、奖状证书等书面材料以及媒体资讯等等。引用第三者进行解释将增强自己解释的客观性和说服力。

提升面试语言的逻辑性

考生的发言需简洁、精炼，谈吐流利、清晰，以中心内容为线索，展开发挥。考生不要东拉西扯，将主题漫无边际地外延。为了突出自己的中心论点，考生可采用结构化的语言。

回答问题时，开宗明义，先做结论，然后再做叙述和论证，条理清晰地展开主要内容。当然也要避免冗长议论。

（1）避免表达含糊和有歧义。

（2）指代清楚。

口语不同于书面语，后者可以大量使用代词，而读者有足够的视觉空间容纳上下文，因此，代词使用得多也没关系。而口语速度快，如果代词用得太多，考官难以根据上下句来分清指代关系。尤其是"他""她""它"在口语中是分不清的，因此考生在考场上为了避免指代不清造成的误解，可以少用人称代词，能用姓名的地方尽量用姓名。

（3）情节叙述需提供确切信息。

有些考生回答问题，不紧扣题意，泛泛而谈，这样往往不能准确地表达自己。

（4）避免使用语义含糊的词语或句式。

（5）不要随意省略主语。

日常生活中，我们的口语可能很随便，经常在谈话的双方都明白时省略主语，但考场上即使在双方都能理解的情况下，也最好不要随意省略主语，尤其要注意的是对考官的称呼不能省略。

（6）不要用方言。

除非考官同意，否则考生在考场上尽量使用普通话。有些特殊的表述可能会要求使用某种方言则另当别论。

（7）可以在话题末尾做一个小结。

对于一些时间、空间、逻辑结构不明显的叙述或较长的一段话，考生可以在结尾言简意赅地做一个小结，给考官一个清晰、完整的感觉。

（8）增强谈话的逻辑结构。

考生可以多使用一些连接词，加强句与句之间的逻辑关系。

面试用语的"禁忌"

（1）不让别人插话。

（2）语言的反复追加。

当考生反复重复某一句话或经常补充前面的话，就会令考官烦躁了。

（3）确定性的两个极端。

语义的确定性应适时而定。有些考生形成一种语言习惯，经常使用绝对肯定或很不确定的词语。

（4）语言呆板，重复使用某种句式或词语。

（5）随便扩大指代范围。

（6）口头禅和伴随动作过多。

第三节　综合评价招生报考难点分析

综合评价招生作为非常重要的高考升学路径之一，在报考条件、择校、报考材料、报名、志愿填报等问题上，家长和考生都有很多的疑问，现将常见的疑问汇总。

1. 参加综合评价招生有什么好处？

答：（1）有机会被降分录取。

（2）多了一次高考升学机会。

（3）综合评价招生除了高考成绩外，非常看重考生的综合能力，通过校测和学业成绩的加成，给予高考成绩没那么优秀或者高考发挥失常没有达到预期高校分数线，但综合能力表现优异的考生一次上名校的机会。

2. 哪些考生适合报考综合评价招生？

答：各省、各校综合评价招生政策差异性较大，但整体来看招生条件主要集中在以下三方面：

（1）综合成绩优秀。几乎所有高校都招收这类考生。

（2）具有竞赛活动奖项。例如：拥有五大学科竞赛、科创类竞赛、文科类竞赛等获奖证书。

（3）高中阶段有思想政治方面的荣誉或者奖励。普遍认可的是省级"优秀学生干部""三好学生"荣誉称号等奖项。

3. 综合评价招生可以报多少个学校？

答：综合评价招生没有限报要求，考生在符合条件、时间精力允许的情况下可报考多所院校。

4. 参加综合评价招生是成绩好的考生才能参加吗？

答：综合评价招生重点考查的是考生的综合能力，没有达到目标院校录取分数线，但高考成绩相差不是很多的考生都建议报名参与。

5. 综合评价招生专业选择有限制吗？

答：有些专业对考生的选科有一定要求，部分专业对高考体检有特殊要求，具体情况以综招高校的招生简章为准。

6. 综合评价招生能报考多少个专业？

答：不同学校不同规定，专业填报数量要看考生所在省市招生专业有哪些，具体情况可以在报名系统里查看。

7. 通过综合评价招生考入高校后可以转专业吗？

答：一般情况下，综合评价招生对转专业没有限制（除非特别注明不允许转专业），只要符合转专业要求即可转。很多高校都是以大类招生，大一大二进行通识教育，后期再细分专业，具体情况以高校招生简章为准。

8. 考生参加某高校的综合评价招生校测并通过了，但不填该校志愿，对后面本科批次录取有影响吗？

答：只要不是有锁档的高校，不影响后续录取。

9. 通过综合评价招生入校后跟普通学生有区别吗？

答：没有区别，入校后和统招学生一起编班培养。

10. 综合评价招生的学费和普通学生有区别吗？

答：综合评价招生只是一种特殊招生方式，学生入学后和普通学生没有其他区别，统一编班上课，学费也一样。需要注意的是，如果是中外合作办学专业的话学费一般会较高。

11. 综合评价招生在哪里报名？

答：部分在高校本科招生网报名，大多在阳光高考平台报名，具体以招生简章中公布的报名地址为准。

12. 南方科技大学招生专业有哪些？

答：南方科技大学按物理学大类录取，学生入学后不分专业，在大学一、二年级根据自己的兴趣、能力和社会需求再选择专业。

13. 孩子最近考试 ×××分，如何择校？

答：（1）先确定能报考哪些综合评价招生院校，对比各高校往年综合评价招生录取分数线，确定能报考的院校。

（2）可根据报考条件、招生专业及选科要求，进一步确定能报考哪些高校。

（3）确定好能报考的目标院校后，再从中选择自己想去的高校，因为综合评价招生在报名时没有院校数量限制，建议在有精力的条件下多报名一些，提升初审通过率。

14. 什么是锁档？

答：锁档即没有公布高考成绩，高校先确定综合评价招生志愿，考生一旦被录取不能参加其他批次录取，没有录取不影响后续批次录取。

15. 哪些高校综合评价招生有锁档？

答：目前存在锁档情况的院校：江苏 A 类综合评价招生院校、浙江高水平三一院校、上海综合评价招生院校。其他院校均无锁档，山东省内综合评价招生院校暂无锁档，请考生们大胆报名。

16. 高中学业水平考试成绩单如何查询？

答：可以找高中学校教务处查询，也可到所在省市教育考试院官网查询，具体情况可以问班主任。

17. 北京外国语大学综合评价招生报名需要提交推荐信吗？报名系统里没找到推荐信模板，从哪里找？

答：需要提交。推荐信在生成的申请表最后一页，需要把前面步骤填写完毕保存后才能生成。

18. 综合评价招生只能报考省内大学吗？能报外省的综合评价招生院校吗？

答：综合评价招生院校分为面向全国多地招生的院校以及仅面向本省招生的院校。所以考生不仅能报考省内大学，还能报考面向全国多地招生的院校。但是，对于面向本省招生的院校，外省考生不能报名。山东省内综合评价招生院校仅面向山东考生。

19. 报考综合评价招生都需要哪些资料？

答：报考综合评价招生，各院校需要的资料不完全一样，大致为：证件；照片；高中学业水平测试成绩；高一到高三期末考试成绩及排名；高三模考 / 大考成绩及排名；高中阶段的获奖证书及证明材料（非必须）；自荐信 / 个人陈述（非必须）；推荐信（非必须）；其他可证明考生综合素质的证明材料（非必须）；报名申请表；高校要求提供的其他材料等。

20. 综合评价招生的报考条件是什么？

答：各招生院校报考条件都不一样，需要考生细心研读报考高校的招生章程。

21. 综合评价招生中对野外探究、研学考察等的要求都是必须项吗？没有就不可以报吗？

答：山东省综合评价招生对社区服务及社区实践有要求，属于必要条件。在每个高中学生的综合素质云平台档案中都有体现，考生在高一至高三的每个学期都要注重这部分材料的收集。

22. 山东省综合评价招生何时报名？

答：山东省内综合评价招生在每年的 4 月底 5 月初开始报名，个别高校开始较早，比如上海纽约大学、昆山杜克大学等。

23. 没有竞赛获奖证书的学生综合评价招生录取机会大不大？

答：奖项不是综合评价招生考核学生的唯一标准，高校更加看重考生的综合成绩，没有竞赛获奖证书的考生，高考分数较高、校测表现优秀，录取机会一样很大。

24. 竞赛生报考综合评价招生有没有什么优惠政策？

答：竞赛证书不参与综合成绩测算，但有竞赛证书对于初审和校测有一定的优势。另外，南方科技大学招生简章里有明确规定，对于在五大奥赛决赛中获奖的考生有优录政策，可在机试或面试中加分。

25. 省优秀班干部对综合评价招生有作用吗？

答：在初审中会有一定优势。

26. 有一个某某比赛的获奖证书，能报考综合评价招生吗？

答：对大部分高校而言，获奖证书并非报名综合评价招生的必要条件，没有获奖证书一样能报。不过，如果是教育部认可的白名单竞赛奖项，在初审中会更有优势。少部分高校明确规定，只有获得某些类型的证书才能报名某个专业。具体情况请以各高校招生简章中的要求为准。

27. 全国中学生信息学奥林匹克竞赛省级一等奖证书还有用吗？怎样发挥作用？

答：教育部白名单竞赛奖项对于报考综合评价招生有一定的作用，在初审和校测中会有一定的优势，有些院校还会要求竞赛成绩达到一定的标准。

28. 综合评价招生录取分数是多少？

答：由于很多高校没有公布往年综合评价招生录取分数线，可到报考院校本科招生网查看本科投档线作为参考。

29. 各校综合评价招生录取分数线和裸分录取分数线差多少？

答：根据往年已公布综合评价招生录取分数线的高校来看，综合评价招生录取分数线大多会比统招录取分数线低 10～20 分，部分省属重点本科高校能低 40～50 分，建议符合条件的考生一定要报考综合评价招生。

30. 强基计划、综合评价招生和高校专项可以同时报吗？

答：只要符合相应的报名条件，可以同时报考，如果考生同时通过多个招生项目，校测时间可能会"撞车"，需要做出取舍。

31. 强基计划、综合评价招生和高校专项谁先录取？

答：强基计划的录取是在所有批次之前，高校专项计划是在特殊招生批次录取，综合评价招生是在提前批录取。

32. 综合评价招生入选结果何时公布？如果综合评价招生入选了，可以放弃吗？

答：综合评价招生入选结果一般在校测结束后公布。如果报考院校没有锁档，考生没有进行志愿确认的话可以放弃，高考志愿不填报即意味放弃报考。

33. 综合评价招生是不是比强基计划要求低？

答：这个要因学校而异，强基计划招生的院校是 39 所"985 工程"高校，而综合评价招生的院校层次广，有"985 工程""211 工程"及省属重点院校，省属重点院校的要求可能会比强基计划要求低。有些"985 工程"高校既有综合评价招生又有强基计划，具体以学校招生简章为准。

34. 报考同一所高校强基计划和综合评价招生会有影响吗？

答：可以一起报，没有影响，如同时通过，强基计划优先录取。

35. 综合评价招生在高考志愿填报时有数量限制吗？能填报几所？

答：综合评价招生一般在提前批录取，高考志愿填报时有数量限制，具体以各省教育考试院要求为准。比如山东省规定，如果同时获得多所高校入围资格，只能选择一所高校填报。

36. 综合评价招生报名时选考科目成绩及高考外语成绩怎么填写？

答：对于山东省考生，建议填写高三大考中选考科目最好的一次成绩，如果缺考或没考的话填"0"。对于有详细要求的高校，则按高校要求来填。

37. 综合评价招生自荐信／个人陈述怎么写？

答：不同院校要求不同，大多高校会在招生简章或报名系统里有详细要求，考生及家长务必以高校招生简章及报名系统里的要求为准。

38. 参加学校兴趣小组或参加活动的证明材料有什么要求？这些材料必须是证书还是可以找有关负责人手写？

答：获奖证书或者学校的证明都可以。没有证书或者学校证明的，请有关负责人手写也可以。请以图片方式上传证明材料，文件不要太大，清晰即可。

39. 综合评价招生择校怎么选？报名系统如何填？校测如何准备？

答：择校问题要根据最终的分数位次再去做一次选择。报名系统的填报注意按照流程一步步填写，不要遗漏。校测多以面试为主，部分院校配合笔试，需要参考往年的考试经验、真题等，多去寻找规律。

第六章

强基计划招生政策解读

第一节　强基计划招生政策分析

强基计划在实行中体现出四大特点：一是服务国家重大战略需求。强基计划致力于为国家经济社会发展培养紧缺的高层次人才；二是深化教育综合改革。强基计划统筹教育领域的多项改革举措，包括"双一流"建设、"基础学科拔尖学生培养计划"、加强高校科技创新、高考综合改革等，在选拔人才进入高校后，探索"本－硕－博"衔接培养的模式，实现人才选拔与培养相结合；三是探索中国特色招生模式。强基计划将学生高考成绩、高校综合考核结果及学生综合素质情况合成综合成绩择优录取，同时指导高校探索建立基于能力考查的笔试面试、实践操作，注重能力本位，体现立足国情，完善现代考试制度的招生政策导向；四是注重人才培养质量监测。强基计划重视建立在校生、毕业生跟踪调查机制和人才成长数据库，根据质量监测和反馈信息持续改进招生和培养工作，重视跟踪研究与数据基础，有利于构建以学生为中心、持续改进的质量保障体系，有利于拔尖创新人才的选拔与培养。

强基计划招生特点

（1）强基计划招生特点之"新"

强基计划是面对人才培养和高考考试招生领域出现的新问题而推出的高考改革新举措，重视选拔培养基础学科拔尖创新人才，是高考招生工作服务国家重大战略需求的有益探索。该计划侧重于选拔和培养制度方面的创新，朝着"综合评价，多元录取"的新高考改革方向，迈出了坚实的一步。这也要求高中学校在培养人才的过程中，注重创新领域的学科素养提升。

（2）强基计划招生特点之"精"

强基计划作为高水平顶尖人才培养方案，充分体现了精准选才、精心育才的思路。该计划突出基础学科的支撑引领作用，重点向数学、物理、化学、生物及历史、哲学、古文字学等基础学科专业倾斜，将有效地精准定位一批有志向、有兴趣、有天赋的青年学生。在培养上，计划提出了单独编班，实行导师制、小班化培养，以及建立科学化、多阶段的动态进出机制等。这同时也要求高中学校加强教学师资培训和学科教研能力，从教学这一关键节点上激发学生的潜力，拓展成长平台，通过精心培养，助力全面成才。

（3）强基计划招生特点之"稳"

强基计划明确把高考成绩优异的学生作为选拔主体，进一步突出了高考的核心地位，使得改革更加稳健。在学校选择上，起步阶段从部分"一流大学"建设高校遴选试点，这些学校基础学科实力强、人才培养优势明显，这相应地要求高中学校输出的生源是经过全方位能力培养的基础学科优秀、创新研究能力突出、面试表达过硬的拔尖创新人才。

（4）强基计划招生特点之"实"

强基计划的方案有的放矢、实事求是，问题抓得准、目标认得明、措施落得实。从入围条件、录取标准，到考核、信息公开等，方案都有具体的要求，是一份详细的工作手册，这对于高中人才培养具有重要的指导意义。强基计划要求高中学校在培养学生的过程中要紧扣高考培优和强基笔试的考核标准，并充分结合学校自身教学进度和特点，从高一到高三进行贯通培养，尤其侧重对高考压轴题背后的知识体系分析和对强基校测笔试的考试结构、命题特点和命题思路的剖析，系统地阐明各类综合问题的命题实质，向学生传授最优的学科思维方法，用以解决高考压轴题和强基计划笔试中的重难点问题，旨在帮助优秀学生获得高考高分与强基计划完美对接。

（5）强基计划招生特点之"通"

强基计划贯通了高考招生与培养全过程，打通了高等教育与基础教育在学科教学、培养模式等方面的壁垒，连通了中学新课改、新高考改革和"双一流"建设的桥梁。通过该计划录取且培养阶段考核优秀的学生，高校可在免试推荐研究生、直博、公派留学、奖学金等方面予以优先安排，探索建立"本－硕－博"衔接的培养模式。还将建立在校生、毕业生跟踪调查机制和人才成长数据库，加强对学生的就业教育和指导，积极为关键领域输送高素质后备人才。这些举措能更好地按照学科规律培养拔尖创新人才，也将影响、反馈和辐射到基础教育层面，进而促进基础教育的改革与发展。同时，方案还要求推进大学和中学衔接，协同育人，高等院校、科研院所、学术团体、示范高中共同参与，引导中学生树立兴趣导向、培育专业所长、形成学业生涯规划，切实增强人才培养的阶段衔接效应。充分发挥高校与学术团体在培养青少年创新实践能力的协同效应，实现大中小学资源融合。

这也将为高校"双一流"建设提供丰沛的人才储备，推动高校教研学的协同发展，探索青少年拔尖创新人才的阶段培养策略。

强基计划招生政策变化

强基计划自 2020 年启动实施，主要选拔培养有志于服务国家重大战略需求且综合素质优秀或基础学科拔尖的学生。最初参与强基计划的有 36 所高校，2022 年增至 39 所。这些高校重点在数学、物理、化学、生物及历史、哲学、古文字学等相关专业招生。

2023 年，高校强基计划招生进入第四年，招生政策也在不断调整变化，强基计划在高考改革的道路上渐行渐远，主要有以下变化：

（1）"复交南"模式进一步扩大为 8 所高校。

2022 年，上海交通大学、复旦大学和南京大学在强基计划招生中进行改革试点，将校测提前到高考成绩出来前，并将校测作为考生入围依据，不再以高考成绩作为入围依据。2023 年，中国科学技术大学、浙江大学、同济大学、西安交通大学、厦门大学等高校，均跟进了"复交南"模式。这一模式最大的特点就是招录流程的革新：首先网上报名，学校在高考出分前就先组织校测，只要报名成功都能参加，校测分为初试和复试，初试后划定进入复试的名额。获得参加复试名额的考生需在规定时间内确认是否参加复试，未确认的考生视为放弃。高考后出分前，各校组织复试，高考出分后录取。

"复交南"模式一改以往按照高考成绩入围校测的方式，让高考成绩处于分数线边缘的考生也有逆风翻盘的可能性。不过高考后马上开始校测，备考时间过短，考生要做好学习、复习的整体规划。

（2）专业扩容，扩大选拔范围。

2022 年强基计划招生考试，东北大学首年参加招生，就推出自动化专业，打响了强基计划招生"基础学科专业"的"破局"之战。西北工业大学新推出航空航天类专业，北京理工大学有了智能无人系统技术专业。在 2022 年的强基计划中增加热门专业，吸收优秀学生报考的基础上，2023 年兰州大学增加了草业科学专业。哈尔滨工业大学强势推出的复合材料与工程（航天材料类）、飞行器制造工程（航天机械类）、材料科学与工程（航天材料类）三个专业，对于吸引优秀考生是具有开创性意义的。

（3）更多高校取消笔试，采取"面试＋体测"方式。

2023年之前的高校强基计划招生，已经有北京航空航天大学、天津大学、南开大学、大连理工大学、哈尔滨工业大学、同济大学等15所高校取消笔试。2023年，北京理工大学强基计划招生取消基础能力测试，湖南大学强基计划招生也取消笔试，考核采取"面试＋体测"形式。这样，强基计划招生取消笔试的高校就达到了17所。

（4）加权赋分，加大核心学科权重。

2022年，部分高校强基计划招生已经开始采用增加学科成绩权重的方式，入围考生不再只看高考总分，增加了单科成绩的加权。例如，北京理工大学规定，参加强基计划招生的考生，其入围成绩＝高考成绩（不含政策性加分）＋高考数学单科成绩×0.2。2023年，单科成绩的加权，进一步体现。比如：华南理工大学规定，参加强基计划招生的考生，其高考数学成绩加权30%，使数学成绩优异的同学具有更强的竞争力；南京大学在汉语言文学专业，实施加权赋分，突出汉语言文学专业的优势。

（5）校测初试入围，提升晋级权重。

2023年的强基计划招生，部分院校在入围方式、入围比例、校测合格条件、专业选科要求等方面也发生了一些变化。比如，中国科学院大学首创初试入围方式，按照笔试成绩，划定全国统一合格分数线，达到合格分数线的考生人数原则上不少于学校2023年强基计划总计划数的5倍；未达到合格分数线的考生不再参与该校强基计划后续选拔。

2023年的强基计划招生，中国人民大学、北京航空航天大学、山东大学、四川大学等高校都设置了校测合格的录取前置条件。四川大学的校测增加了笔试合格线，笔试成绩未达到180分的考生不予录取；湖南大学强基计划招生中的专业综合测试设置了80分的最低合格分数线。这些规定，体现了强基计划招生"宁缺毋滥"的招生原则。

第二节 强基计划招生院校专业介绍

　　强基计划旨在加强拔尖创新人才的教育培养。要把教育摆在更加重要的位置，全面提高教育教学质量，注重培养学生创新意识和创新能力，加强数学、物理、化学、生物等基础学科建设，加强基础学科拔尖学生培养，在数理化生等学科建设一批基地，吸引最优秀的学生投身基础研究。

　　下表为 2023 年在山东省进行强基计划招生的院校的招生专业相关信息汇总，供各位考生参考。

省（市）	学校	招生专业（类）	入围倍数	选科要求
北京	清华大学	数学与应用数学	6	物理
		物理学		物理
		化学		物理 + 化学
		生物科学		物理 + 化学
		信息与计算科学		物理
		数理基础科学		物理
		化学生物学		物理或化学
		理论与应用力学		物理
		中国语言文学类（古文字学方向）		不限
		历史学类		历史
		哲学类		不限

（续表）

省（市）	学校	招生专业（类）		入围倍数	选科要求
北京	北京大学	I 组	数学类	6	物理
			物理学类		物理
			化学类		物理或化学
			力学类		物理
			生物科学类		物理或化学
			历史学类		不限
			考古学		不限
			哲学类		不限
			中国语言文学类（古文字学方向）		不限
		II 组	历史学类		不限
			考古学		不限
			哲学类		不限
			中国语言文学类（古文字学方向）		不限
		医学组	基础医学（八年制）		物理 + 化学
	中国人民大学	哲学		5	不限
		汉语言文学（古文字学方向）			不限
		历史学类			不限
	北京师范大学	文科组	历史学	5	历史或地理
			哲学		不限
		理科组	数学与应用数学		物理
			物理学		物理

（续表）

省（市）	学校	招生专业（类）		入围倍数	选科要求
北京	北京师范大学	理科组	化学	5	物理或化学
			生物科学		物理或化学
	北京航空航天大学		数学与应用数学	5	物理
			信息与计算科学		物理
			应用物理学		物理
			化学		物理＋化学
			工程力学		物理
			飞行器动力工程		物理
	北京理工大学		数学与应用数学	4	物理
			应用物理学		物理
			化学		物理
			工程力学		物理
			智能无人系统技术		物理
	中国农业大学		生物科学	6	物理或化学或生物
			生物育种科学	—	物理或化学或生物
	中央民族大学		历史学	6	历史
			哲学		不限
上海	复旦大学		汉语言（古文字学）	3	不限
			历史学		不限
			哲学		不限

（续表）

省（市）	学校	招生专业（类）		入围倍数	选科要求
上海	复旦大学	数学与应用数学		3	物理
		物理学			物理
		化学			物理
		生物科学			物理或化学
		基础医学			物理 + 化学
	上海交通大学	I 组	数学与应用数学	6	物理
			物理学		物理
			工程力学		物理
		II 组	生物科学		物理或化学
			生物医学科学		物理 + 化学
			化学		物理或化学
	同济大学	数学与应用数学		5	物理
		应用物理学			物理
		工程力学			物理
		应用化学			物理
		生物技术			化学 + 生物
	华东师范大学	理科组	数学与应用数学	4	物理
			物理学		物理
			生物科学		物理
		文科组	哲学		不限
			汉语言文学（古文字学）		不限

（续表）

省（市）	学校	招生专业（类）		入围倍数	选科要求
浙江	浙江大学	理学 I 类	数学与应用数学	5	物理
			物理学		物理
			工程力学		物理
		理学 II 类	化学		物理
			生物科学		物理
			生态学		物理
		基础医学类	基础医学		化学 + 生物
		人文历史类	哲学		历史或地理
			历史学		历史或地理
			汉语言文学（古文字学方向）		历史或地理
江苏	南京大学	理科类	数学与应用数学	3	物理
			信息与计算科学		物理
			物理学		物理
			化学		物理 + 化学
			生物科学		物理 + 化学
		文科类	汉语言文学（古文字学）		历史
			历史学		历史
			哲学		历史
	东南大学		哲学	6	不限
			数学类		物理
			物理学类		物理

（续表）

省（市）	学校	招生专业（类）	入围倍数	选科要求
江苏	东南大学	化学	6	化学
安徽	中国科学技术大学	数学类（含数学与应用数学、信息与计算科学）	5	物理
		物理学类（含物理学、应用物理学）		物理
		化学类（含化学）		物理
		生物科学类（含生物科学、生物技术）		物理
		力学类（含理论与应用力学）		物理
		核工程类（含核工程与核技术）		物理
湖南	国防科技大学	数学与应用数学	3	物理
		物理学		物理
	中南大学	数学与应用数学	5	物理
		应用物理学		物理
		应用化学		物理或化学
		生物科学		物理或化学或生物
	湖南大学	化学	6	物理或化学
陕西	西安交通大学	数学类	5	物理
		物理学类		物理
		核工程与核技术		物理
		生物技术		物理
		哲学		历史或政治
		工程力学		物理
	西北工业大学	航空航天类	4	物理

（续表）

省（市）	学校	招生专业（类）	入围倍数	选科要求
陕西	西北工业大学	数学类（数学与应用数学、信息与计算科学）	4	物理
				物理
		应用物理学		物理
		化学类		物理或化学
	西北农林科技大学	生物育种科学	5	物理＋化学
湖北	武汉大学	哲学	5	历史
		汉语言文学（古文字学方向）		历史
		历史学		历史
		数学与应用数学		物理＋化学
		物理学		物理＋化学
		化学		物理＋化学
		生物科学		物理＋化学
		基础医学		物理＋化学
	华中科技大学	数学与应用数学	6	物理
		物理学		物理
		化学		物理或化学
		生物科学		物理或化学或生物
		基础医学		化学＋生物

（续表）

省（市）	学校	招生专业（类）	入围倍数	选科要求
湖北	华中科技大学	汉语言文学（古文字学方向）	6	不限
		哲学		不限
天津	南开大学	数学与应用数学	6	物理
		物理学		物理
		化学		物理或化学
		生物科学		物理或化学或生物
		历史学		历史或地理
		哲学		不限
		汉语言文学（古文字学）		不限
	天津大学	数学与应用数学	5	物理
		应用物理学		物理＋化学
		应用化学		物理＋化学
		生物科学		物理＋化学
		工程力学		物理
四川	电子科技大学	应用物理学	5	物理
	四川大学	汉语言文学（古文字方向）	6	不限
		历史学类		历史或地理
		哲学		不限
		数学与应用数学		物理
		物理学		物理

（续表）

省（市）	学校	招生专业（类）	入围倍数	选科要求
四川	四川大学	工程力学	6	物理
		化学		化学或地理
		生物科学		化学或生物或物理
		基础医学		物理＋化学
广东	中山大学	汉语言文学（古文字学方向）	6	不限
		历史学		历史
		哲学		不限
		数学与应用数学		物理
		物理学		物理
		化学		物理
		生物科学		物理
		生态学		物理
		基础医学		物理＋化学
		理论与应用力学		物理
	华南理工大学	数学类	6	物理
		化学类		化学
		生物技术		物理或化学或生物
福建	厦门大学	数学类（数学与应用数学、信息与计算科学）	6	物理
		物理学		物理
		化学类（化学、化学生物学、能源化学、化学测量学与技术）		物理＋化学

（续表）

省（市）	学校	招生专业（类）	入围倍数	选科要求
福建	厦门大学	生物科学类（生物科学、生物技术）	6	物理＋化学
		历史学		历史
		哲学		历史
山东	山东大学	数学与应用数学	5	物理
		物理学		物理
		化学		物理＋化学
		生物科学		物理或化学或生物
		生物医学科学		物理＋化学
		汉语言文学（古文字学方向）		不限
		历史学		历史或地理
		哲学		不限
	中国海洋大学	生物科学	4	物理＋化学
重庆	重庆大学	数学与应用数学	6	物理
		物理学		物理
黑龙江	哈尔滨工业大学	工程力学	4	物理
		复合材料与工程（航天材料类）		物理
		飞行器制造工程（航天机械类）		物理
		材料科学与工程（航天材料类）		物理
		核工程与核技术		物理
		数学类（含数学与应用数学、信息与计算机科学）		物理

（续表）

省（市）	学校	招生专业（类）	入围倍数	选科要求
黑龙江	哈尔滨工业大学	应用物理学	4	物理
吉林	吉林大学	数学与应用数学	6	物理＋化学
		物理学		物理
		化学		物理＋化学
		古文字学		历史或地理
辽宁	大连理工大学	数学与应用数学	4	物理
		应用物理学		物理
		工程力学		物理
		应用化学		化学
		生物工程		化学
	东北大学	自动化	6	物理
甘肃	兰州大学	化学	6	化学
		物理学		物理
		生物科学		生物＋化学
		数学与应用数学		物理
		历史学		历史或地理
		汉语言文学（古文字学方向）		不限
		草业科学（草类植物生物育种）		化学或生物

基础学科专业解读

数学与应用数学：该专业培养掌握应用数学的基本理论、方法和技能，受到良好的科学研究训练，具备在实际应用领域中进行理论分析以及计算机应用能力，能在科技、教育和经济管理等领域从事科学研究、数学建模、应用开发和管理等方面的工作，具有国际视野和竞争力的创新型理科人才。

信息与计算科学：是以信息领域为背景，数学与信息、计算机管理相结合的数学类专业。该专业培养的学生具有良好的数学基础，能熟练地使用计算机，初步具备在信息与计算机科学领域的某个方向上从事科学研究，解决实际问题，设计开发有关计算机软件的能力。

物理学：该专业主要培养在物理学或相关的科学技术领域中从事科研、教学、技术开发的人才。科研工作包括物理前沿问题的研究和应用，技术开发工作包括新特性物理应用材料如半导体的开发等，应用仪器的研制如生物仪器、科研仪器等。物理学的毕业生就业范围覆盖了整个物理和工程领域。

应用物理学：该专业比较注重在理论基础及实验成果基础上实现向现实技术的转化，对个人的数学基础和实验能力考验较高，也要求具有科学探索的精神。应用物理学主要从事于科学技术的实际应用工作，可选择的行业主要是工业、交通、邮电、金融、商业等，就业流向以企事业单位居多。

化学：该专业培养具备化学的基础知识、基本理论和基本技术，能在化学及与化学相关的科学技术和其他领域从事科研、教学技术及相关管理工作的高级专门人才。

应用化学：该专业培养具备化学的基本理论、基本知识且具有较强的实验技能，能在科研机构、高等学校及企事业单位等从事科学研究、教学工作及管理工作的高级专门人才。

化学生物学：化学生物学是一门跨学科交叉研究的专业，主要通过化学，辅以物理、生物、计算机等交叉学科手段研究生命体系与生命过程。化学生物学更加偏向于化学，注重研究生物体内的化学反应，以及构成生命的蛋白、核酸等分子，是一门历史悠久的二级学科。

能源化学：该专业以能源为研究对象，主要研究化学、可再生能源等方面的基本知识和技能，包括能源的分类、性质、用途、利用、高效转化等，以能源的合理、高效、持续利用为目标，进行能源转化效率的提高以及能源可持续发展的探索等。

能源化学工程：该专业是一个全新的专业，主要关注怎么更好地利用能源、对大自然造成较少的危害。主要研究方向：能源清洁转化、煤化工、石油化工、燃气及天然气工程、环境催化、绿色合成等。

生物科学：该专业是一个快速发展的学科领域，是一门研究生命现象，揭示生命活动规律和生命本质的科学。该专业旨在培养涉及生命科学、生物医学、生物工程等多个研究方向的高级人才，学习理论与实践并重，毕业生能够在科研机构、高校、医药公司、生物工程技术研究单位、环保部门等单位拥有广泛的就业机会。

生物技术：生物技术的发展经历传统生物技术和现代生物技术两个阶段。生物技术与计算机微电子技术、新材料、新能源、航天技术等被列为高新技术，被认为是21世纪科学技术的核心技术之一。目前生物技术最活跃的应用领域是生物医药行业，生物制药（常指基因重组药物）被投资者看作成长性最高的产业之一。

生态学：该专业是一门新兴的、多学科交叉渗透形成的前沿科学。它与人类生存、现代工业发展和城市建设息息相关，其知识体系涉及现代科学的各个领域，在21世纪的科技、工业、社会、自然和经济发展中具有广阔的应用前景。生态学着重研究生物与环境之间的各种关系，特别是生态系统在人类活动干预下的各种运行机制及变化规律。现代生态学注重解决全球面临的生态环境重大问题和社会经济发展中的众多生态问题。生态学在世界走向可持续发展的今天正发挥着越来越重要的作用。国家对生态建设与环境保护越来越重视，进一步展示了生态学专业发展的美好前景。

工程力学：该专业涉及众多的力学学科分支，是一门理论性较强、与工程技术联系极为密切的技术基础学科，工程力学的定理、定律和结论广泛应用于各行各业的工程技术中，是解决工程实际问题的重要基础。

基础医学：该专业是研究人的生命和疾病现象的本质及其规律的自然科学。该专业所研究的关于人体的健康与疾病的本质及其规律被其他所有应用医学所遵循。基础医学包括如下几个内容：人体解剖学、组织学和胚胎学、生理学、生物化学、微生物与微生物学、寄生虫学、免疫学、病理学、病理生理学、药理学、毒理学、分子生物学和流行病学。

生物医学：该专业是综合医学、生命科学、生物学的理论和方法而发展起来的前沿交叉学科，旨在运用生物学及工程技术手段研究和解决生命科学，特别是医学中的有关问题。生物医学是生物医学信息、医学影像技术、新材料等技术的学术研究和创新的基地。

哲学：该专业是为了培养具有丰富的哲学史知识和较高的哲学思维能力的理论人才以及具有广博知识背景的复合型人才。经过四年学习，使学生初步具备原典阅读与独立研究能力，具有较高的理论思维能力与语言表达能力。

历史学：该专业培养具有历史学基本理论、专门知识和基本技能，能在国家机关、新闻出版、文教事业及各类企事业单位从事研究、教学和管理等方面工作的历史学科复合型人才。核心课程：

中国通史、世界通史、史学概论、中国历史要籍介绍及选读、中国史学史、西方史学史等。

汉语言文学：该专业主要培养具备一定的文艺理论素养和系统的汉语言文学知识，能在新闻出版单位、高校、科研机构和机关企事业单位从事文学评论、汉语言文学教学与研究工作，以及从事文化、宣传方面工作的汉语言文学高级专门人才。

第三节　强基计划招生录取分析

作为目前"985工程"高校主要招生方式之一，对比全国统一高考招生，强基计划招生在录取分数和人才培养方面的优势显而易见。下面是强基计划39所大学近三年在山东省入围分数线情况，仅供考生参考：

表一：2021年强基计划招生各高校入围成绩（山东省）

2021年强基计划招生各高校入围成绩（山东省）			
高校名称	强基入围成绩	高校名称	强基入围成绩
清华大学	668	中国海洋大学	生物科学603
北京大学	文科658	哈尔滨工业大学	应用物理学617
	理科668		
中国人民大学	641		工程力学640
北京理工大学	数学与应用数学636		
	应用物理学646		数学类625
	化学590		
	工程力学634		
西安交通大学	哲学531	南开大学	哲学616
	工程力学615		历史学624

（续表）

高校名称	强基入围成绩	高校名称	强基入围成绩
西安交通大学	核工程与核技术 611	南开大学	数学与应用数学 638
	生物技术 616		物理学 625
	数学类 629	中南大学	应用化学 593
	物理类 613		生物科学 599
中山大学	古文字学 567		应用物理学 610
	化学 592		数学与应用数学 613
北京师范大学	理科组 634	重庆大学	594
	文科组 629		
山东大学	古文字学 607	华南理工大学	化学类 577
	哲学 611		数学类 615
	历史学 608		生物技术 590
	数学与应用数学 626	西北工业大学	617
	物理学 618	大连理工大学	应用化学 609
	化学 614		数学与应用数学 616
	生物科学 614		工程力学 614
	生物医学科学 620		应用物理学 625
电子科技大学	617	兰州大学	生物科学 590
中国农业大学	615		古文字学 593
国防科技大学	622		历史学 608
北京航空航天大学	化学 655		数学与应用数学 601
	信息与计算科学 669.4		物理学 592
	应用物理学 696.4		化学 594

（续表）

高校名称	强基入围成绩	高校名称	强基入围成绩
东南大学	哲学 594	中央民族大学	未招生
	数学 622	上海交通大学	—
武汉大学	古文字学 613	复旦大学	642
武汉大学	哲学 620	同济大学	617
	历史学 619	华东师范大学	—
	数学与应用数学 637	天津大学	—
	物理学 638	浙江大学	—
	化学 637	中国科学技术大学	—
	生物科学 635	南京大学	数学与应用数学 651
	基础医学 632		信息与计算科学 657
华中科技大学	数学与应用数学 622		物理 660
吉林大学	数学与应用数学 584		化学 638
	物理学 588		生物 639
	化学 609		哲学 606
	古文字学 580		历史学 622
四川大学	数学与应用数学 598	厦门大学	历史学 602
	历史学类 607		数学类 613
	生物科学 613		物理学 606
	基础医学 608		化学类 611
			生物科学 612

表二：2022 年强基计划招生各高校入围成绩（山东省）

2022 年强基计划招生各高校入围成绩（山东省）			
高校名称	强基入围成绩	高校名称	强基入围成绩
清华大学	理科 / 物理类 665	中国海洋大学	605
	文科 / 历史类 658	哈尔滨工业大学	应用物理学 613
北京大学	理科类 660		工程力学 618
中国人民大学	640		数学类 608
北京理工大学	数学与应用数学 661.4		核工程与核技术 613
	应用物理学 654.2	南开大学	哲学 618
	化学 637.2		古文字学 594
	智能无人系统技术 667.4		数学与应用数学 630
西安交通大学	—		物理学 619
中南大学	应用化学 584	重庆大学	599
	生物科学 600	华南理工大学	化学类 586
	应用物理学 580		数学类 587
	数学与应用数学 567		生物技术 583
中山大学	古文字学 598	西北工业大学	612
	化学 588	大连理工大学	应用化学 589
北京师范大学	理科组 625		数学与应用数学 660.5
	文科组 629		工程力学 608.8
山东大学	古文字学 615	山东大学	物理学 617
	哲学 609		化学 610

（续表）

高校名称	强基入围成绩	高校名称	强基入围成绩
山东大学	历史学 617	山东大学	生物科学 614
	数学与应用数学 626		生物医学科学 622
电子科技大学	618	兰州大学	生物科学 582
中国农业大学	602		古文字学 580
国防科技大学	601		历史学 589
北京航空航天大学	飞行器动力工程 678.8		数学与应用数学 579
	信息与计算科学 692.8		物理学 584
	应用物理学 666.6		化学 575
	数学与应用数学 658.4	中央民族大学	未招生
	化学 652.6	上海交通大学	—
东南大学	哲学 596	复旦大学	—
	数学 608	同济大学	637
武汉大学	古文字学 622	华东师范大学	—
	哲学 627	天津大学	—
	历史学 631	浙江大学	644
	数学与应用数学 638	中国科学技术大学	634
	物理学 630	南京大学	汉语言文学 789.3
	化学 631		化学 849
	生物科学 634		历史学 783.3
	基础医学 627		生物科学 829.6
华中科技大学	数学与应用数学 591.1		数学与应用数学 785.4
吉林大学	数学与应用数学 610		物理学 799.7
	物理学 612		信息与计算科学 802.8

（续表）

高校名称	强基入围成绩	高校名称	强基入围成绩
吉林大学	化学 603	厦门大学	历史类 615
	古文字学 576		生物科学类 619
四川大学	数学与应用数学 601		物理学 594
	历史学类 591		化学类 608
	生物科学 609	四川大学	哲学 591
	工程力学 557		物理学 575

表三：2023 年强基计划招生各高校入围成绩（山东省）

高校名称	招生专业	强基入围成绩
清华大学	—	理 683
北京大学	—	理 681、文 669
中国人民大学	—	657
北京航空航天大学	数学与应用数学	655.6（加权后）
	信息与计算科学	711（加权后）
	应用物理学	695.8（加权后）
	化学	640.4（加权后）
	飞行器动力工程	708.8（加权后）
北京师范大学	—	理 626、文 634
北京理工大学	数学与应用数学	673.2（加权后）
	应用物理学	665（加权后）
	化学	660.2（加权后）
	智能无人系统技术	676.8（加权后）

高校名称	招生专业	强基入围成绩
中国农业大学	—	627
中央民族大学	哲学	604
南开大学	哲学	615
	汉语言文学（古文字学）	610
	数学与应用数学	651
	物理学	631
天津大学	—	
大连理工大学	工程力学	624.6（加权后）
	生物工程	565（加权后）
	应用化学	594（加权后）
东北大学	—	618
吉林大学	数学与应用数学	590
	物理学	590
	化学	596
	古文字学	589
哈尔滨工业大学	工程力学	649
	飞行器制造工程	660
	材料科学与工程	643
	核工程与技术	649
	数学类	649
	应用物理学	643

（续表）

（续表）

高校名称	招生专业	强基入围成绩
复旦大学	—	
同济大学	—	
上海交通大学	—	
华东师范大学	—	
南京大学	—	
东南大学	数学类	633
	哲学	600
浙江大学	—	
中国科学技术大学	—	
厦门大学	—	
山东大学	哲学	617
	汉语言文学——古文字学	623
	历史学	623
	数学与应用数学	641
	物理学	627
	化学	619
	生物科学	622
	生物医学科学	626
中国海洋大学	—	601
武汉大学	哲学	618
	汉语言文学——古文字学	622

（续表）

高校名称	招生专业	强基入围成绩
武汉大学	历史学	631
	数学与应用数学	653
	物理学	638
	化学	630
	生物科学	652
	基础医学	641
华中科技大学	数学与应用数学	630.119134117（小数点后依次为语文、数学外语成绩）
中南大学	数学与应用数学	622
	应用物理学	611
	应用化学	600
	生物科学	609
国防科技大学	——	612
湖南大学	——	
中山大学	汉语言文学——古文字学	615
	化学	617
华南理工大学	数学类	655.7（加权后）
	化学类	597（加权后）
	生物技术	611（加权后）
四川大学	汉语言文学——古文字学	579
	历史学类	621
	哲学	596

高校名称	招生专业	强基入围成绩
四川大学	数学与应用数学	610
	物理学	614
	生物科学	616
电子科技大学	—	637
重庆大学	—	610
西安交通大学	—	
西北工业大学	—	634
西北农林科技大学	—	563
兰州大学	汉语言文学——古文字学	587
	历史学	602
	数学与应用数学	600
	物理学	589
	化学	584
	生物科学	579
	草业科学——草类植物生物育种	555

强基计划招生近年录取分析

纵观近年强基计划招生政策、考核方式和录取数据，可以得到以下结论：

（1）强基计划成为冲刺清华大学、北京大学等顶尖名校的重要途径。

从近年录取人数来看，清华大学、北京大学的强基计划录取人数占全年招生人数的30%以上，成为仅次于高考统招的第二个升学渠道。

（2）强基计划让更多学生拥有了冲刺清华、北大的机会。

从近两年招考分数来看，清华大学、北京大学的强基计划招生在各省的入围分数线均大幅度低于高考统招分数线，让更多优秀考生有了冲刺清北的机会。

（3）基础学科能力突出、综合素质优秀才能在强基计划中脱颖而出。

从招生政策可以看出，入围强基计划校测环节的考生在高考分数差异不大的前提下，最终约15%的校测分数起到了至关重要的影响作用。强基计划笔试的命题方向立足高考压轴，并在高考考纲外进行延伸拓展，更深入考查学生的学科知识积累和灵活熟练的应用能力；而强基计划面试会着重考查考生的志趣志向、专业认知、知识储备和表达能力，要想在笔面试中脱颖而出需要长期、系统地训练提升。

综合以上结论可以看出，对于有志于冲刺清华、北大等顶尖名校的考生而言，单纯以应试化的方式训练高考高分的培养策略已经很难适应时代需求，新时代的顶尖高校更青睐基础学科拔尖和综合素质优秀的学生，并会为他们开辟更广阔的未来成长通道。因此，高中的拔尖人才培养过程一定要在夯实高考的同时，将基础学科能力强化和综合素质拓展训练纳入日常化的课程体系中，让拔尖学生为强基计划笔面试做好针对性准备，这样才能满足新时代和新高考的能力要求。

第四节 强基计划历年校测面试真题

下面整理部分开展强基计划招生高校的面试真题，供各位考生参考。

【北京大学强基计划面试真题参考】

（1）现在人们测试的 IQ 值越来越高，是不是可以认为人们是越来越聪明了？

（2）谈谈你对无现金社会的看法。

（3）如何理解集体行为逻辑和破窗效应，请列举两个事例说明破窗效应，并说明解决破窗效应的条件。

（4）你如何看待经济发展与文化之间的关系？

（5）你认为"贫富差距"与"人性弱点"是否有关？

（6）孩子们回家看老人时，经常捧着手机玩，让老人备受冷落。老人气愤地说："你们就和手机过吧！"对此谈谈你的感想和评价。

（7）鲍林说"当任何一种物质的性质与结构 (以原子、分子和组成它的更小的粒子表示) 联系起来时，这种性质是最容易、最清楚地被认识和理解的"，请谈谈你的理解。

【清华大学强基计划面试真题参考】

（1）你在中学学习过程中最得意、感受最深的一件事？

（2）为什么三角形面积是底乘以高除以 2？

（3）现有一张 16 开的白纸和一个鸡蛋，如何利用这张纸搭桥，将鸡蛋稳定地架在两张稍有分开的桌子之间不掉落？

（4）你怎样理解鲁迅精神，鲁迅笔名如何得来？

（5）请用一个成语形容当今世界的经济状况，为什么？

（6）列举近半年内你了解的 5 个时事问题，并详细谈一个。

（7）"人类一思考，上帝就发笑"，你怎么理解这句话？

（8）清华的校训是"自强不息、厚德载物"，谈一谈关于你自强的事迹。

【北京师范大学强基计划面试真题参考】

（1）你为什么报考北师大？

（2）北师大要录取你的理由是什么？

（3）结合明星人设崩塌事件，你认为成名更好还是更坏？

（4）一个母亲为给女儿过儿童节去超市盗窃，警察赶到后宽大处理并帮助筹集善款，你怎么看这个事件，它反映了什么社会问题？

（5）如何理解"社会进步的动力是下一代人不听上一代人的话"？

（6）中国的十二生肖是什么来历？前后顺序能否颠倒？

（7）中国是否已步入高房价时代？请阐述你的观点。

【中国人民大学强基计划面试真题参考】

（1）关于法学家治理国家，你怎么看？

（2）你觉得中国人民大学是以人文为主，还是以数理化为主？

（3）你如何看待苏格拉底的名言"认识你自己"？

（4）水能变成油吗？

（5）瘦肉精对身体有害，是被禁止使用的，但烟草同样对身体有害，却没有被禁止，谈谈你的看法。

【北京航空航天大学强基计划面试真题参考】

（1）后轮驱动的车辆，启动和刹车时，分别是车头翘起还是车尾翘起，判断并说明理由。

（2）你认为文学阅读的最高境界是什么？

（3）你如何看待微信在人际交往中的作用？

（4）你在农贸市场发现一块劳力士表，做工精良，品质好，卖价200元，但能明显看出这是假的，你是否会购买？为什么？

（5）你怎么理解北航的校训？

（6）你认为什么样的大学能够培养出创造性人才？

【北京理工大学强基计划面试真题参考】

（1）你在高中时期参加过什么样的科技创新活动？

（2）有人说《西游记》的师徒四人是分工最合理的团队，你怎么看？你最想成为师徒四人中的哪个？

（3）学生上网会遇到不健康信息，针对这种现象你怎么看？

（4）你为什么报考北理工？

【中国农业大学强基计划面试真题参考】

（1）如果你在最看重的一次高中考试中失利，你会如何面对？

（2）你的缺点是什么？会不会影响你报考中国农业大学的相关专业？

（3）你将如何在中国农业大学实现人生理想？

（4）做菜过程中，如果菜太咸怎么办？如果太酸又怎么办？

（5）请谈谈食品安全问题是因为道德滑坡还是制度缺失？

【中央民族大学强基计划面试真题参考】

（1）如果你在面试中被拒绝了，你会怎么办？

（2）你为什么报考中央民族大学？

【上海交通大学强基计划面试真题参考】

（1）你的理想是什么？你认为上海交通大学能够提供什么帮助你实现这个理想？

（2）有没有关注过上海交通大学的网站？能说出哪些专业的名字？

（3）针对××专业就业不好、薪资低、竞争激烈、冷门的说法，你怎么看？

（4）好的大学差的专业或差的大学好的专业，你选哪个？

（5）你看过电影《私人订制》吗？如果给你一个私人订制的机会，你会订制社会上哪一种角色或职业？

【复旦大学强基计划面试真题参考】

（1）当今社会上人与人的关系为什么会变得冷淡？

（2）今天是星期五，140年前的今天是星期几？

（3）你认为自己具备了哪些进入复旦的综合素质？

（4）你读过哲学相关的书籍吗？列举一些书目，并谈谈你的感受。

（5）如果给自己的聪明程度打分，0～100分，你为自己打多少分？

【同济大学强基计划面试真题参考】

（1）如果有个天使投资人给你投资一千万，你会如何利用这笔钱？

（2）你是否遭遇过很大的失败或者严重的心理挫折？如果有，你是如何应对的？

（3）你理想中的大学是什么样的？你认为同济大学跟它相比有哪些差距？

（4）有没有更符合你理想的大学？

（5）如果有一条时间隧道通往过去，还有一条通往未来，你会选择哪一条？

（6）萝卜分别长时间放在清水和盐水中，体积大小会发生怎样的变化，为什么？

【华东师范大学强基计划面试真题参考】

（1）请解释一下什么是"蝴蝶效应"？

（2）谈谈你对华东师范大学的认识。

（3）你对华东师大排名情况有哪些了解？

（4）如果你在最重视的一次竞赛中失利，该如何面对？

（5）你认为"逆境出人才"是否有道理？

（6）提高最低工资水平是否有利于社会公平？

（7）如何才能交到知心朋友？

【南京大学强基计划面试真题参考】

（1）爱因斯坦说"上帝不会掷骰子"，你如何理解这句话？

（2）孔子说"从心所欲，不逾矩"，也有人认为"从心所欲，要逾矩"，你支持哪种观点？并说明理由。

（3）"人们相互蔑视，又相互奉承，人们各自希望自己高于别人，又各自匍匐在别人面前"，如何理解这句话。

（4）你对理想大学有什么样的期待？如果上了大学依然找不到一份好工作，你还会不会进入大学？

（5）越来越多的家长送学生出国留学，对此现象，谈谈你的看法。

（6）"梁祝化蝶"的故事里，为什么两人会化成蝴蝶，而不是比翼鸟或者连理枝？

【东南大学强基计划面试真题参考】

（1）比尔·盖茨、扎克伯格都是大学中途退学并创业成功的，这是不是意味着个人成功与高等教育关系不大？高等教育的意义又是什么？

（2）现在的网络有利有弊，你怎么看？说出你的判断及论证。

（3）你的学科特长有什么独到之处？是如何形成的？对你未来发展将有什么作用？

（4）请用物理知识解释电饭煲的工作原理，请就如何改进电饭煲设计提出设想。

（5）对于儒家文化的"仁义礼智信"，你是如何理解的？你认为当前最重要的是哪一条？

（6）你最想做成的一件事是什么？

【南开大学强基计划面试真题参考】

（1）高考前非常流行祝考生"考得都会，蒙得都对"，这是一个什么命题？请证明。

（2）网络对人际关系的影响是拉近还是疏远？

（3）你如何看待公务员考试？

（4）5G 将会产生哪些影响？

【天津大学强基计划面试真题参考】

（1）谈谈你对天津大学的认识。

（2）谈谈你的兴趣爱好。

（3）你的人生规划是什么？

【中国科学技术大学强基计划面试真题参考】

（1）为什么开水不响，响水不开？

（2）你对传统文化的态度是什么？如果让你做城市规划，你会如何对待城市中的古建筑？

（3）如果你是宇航员，突然发现太空舱门无法打开，你会如何处理？

（4）你希望房价上涨还是下跌？

【厦门大学强基计划面试真题参考】

（1）一滴水珠滴在荷叶上是什么形状？滴在砖头上又是什么形状？

（2）喷雾罐不停向外喷雾，罐体表面温度会变低，为什么？

（3）对西方节日在我国流行的现象，你怎么看？

（4）"见人说人话，见鬼说鬼话"是一种生存法则吗？

（5）请简要分析自由、民主、平等三者之间的关系。

【山东大学强基计划面试真题参考】

（1）如果给你一元钱，你会买什么？

（2）如果你有了一百万元钱，你会如何花？

（3）你为何选择山东大学？

（4）半导体和绝缘体放在一起如何导电？

（5）蚂蚁从 10 层楼掉下来会不会摔死？

（6）大树会无限长高吗？

【中国海洋大学强基计划面试真题参考】

（1）"善意的谎言是正确的"，对这种说法你怎么看？

（2）在一个团队中，你愿意担任领导者还是被领导者？

（3）请用三个词语形容文学家、军事家、商人。

（4）古代有三不朽：立德、立功、立言，请你按照自己的理解排序。

（5）信仰与金钱哪个能左右你的命运，你是如何看待的？

（6）镜子里的镜像为何左右颠倒而不是上下颠倒，小孔成像呢？

【武汉大学强基计划面试真题参考】

（1）"怼"这个字在网络上流行，你是如何看待这个生僻字在网上流行的？

（2）有人说没有真实的历史，历史都是杜撰出来的，你怎么看？

（3）如果你做了一件好事，老师却表扬了另一位同学，你有何感想？接下来你会采取什么行动？

（4）谈谈人工智能对文化传承的影响。

（5）文化遗民是入乡随俗还是文化独立？

【华中科技大学强基计划面试真题参考】

（1）火箭升空过程中掉落的碎片材料是什么？

（2）现在社会复杂多变，诈骗、借贷陷阱层出不穷，你能举出这样的事例吗？日常生活中人们又该如何防范呢？

（3）你的父母是否会对你选择的这个专业感到失望？

（4）手机性能与什么有关？

（5）人为何要睡觉？

【中南大学强基计划面试真题参考】

（1）你对"达则兼济天下，穷则独善其身"有什么看法？

（2）一个木球、一个铝球，大小、质量相同，外表完全一样，在不破坏球的前提下，你如何区别木球和铝球？

（3）如果你的观点有 3 个人觉得是对的，7 个人觉得是错的，你还能坚持自己吗？

（4）太阳能是如何发电的？

（5）请描述你最喜欢的一部电影。

【国防科技大学强基计划面试真题参考】

（1）举出一个国防科技大学毕业的名人。

（2）英国领导人为什么叫首相，而不是总统？

（3）对城市交通拥堵问题，你有什么建议？

（4）怎样才算成功人士？

（5）在《水浒传》中，你最喜欢哪一个人物？

【中山大学强基计划面试真题参考】

（1）下水道盖为什么是圆的不是方的？

（2）《共产党宣言》的作者是谁，你认为里面哪句话最有力量？

（3）人工智能能否取代医生？

（4）假如广州市停电 5 分钟，该怎么办？

（5）你认为人生第一等重要的事是什么？

【华南理工大学强基计划面试真题参考】

（1）房间里比较热，开着冰箱门可以降温吗？

（2）已知蜜蜂和蝴蝶挥动翅膀的频率，请问你能感觉到哪种昆虫从身边飞过吗？

（3）华南理工大学校歌中第一句"云山苍苍，珠水泱泱；华工吾校，伟人遗芳"，请考生说出"伟人"是指哪位？

（4）鸡蛋煮熟了能不能马上放入冷水中？

（5）脚受伤了应该热敷还是冷敷？

【四川大学强基计划面试真题参考】

（1）英国"脱欧"对中国经济造成什么影响？

（2）如何鉴别一件白色丝织品的成分是蚕丝还是缫丝？

（3）如果你是一个猎人，只能选择带猎枪或者粮食一种东西进森林，你会选择什么？

（4）把纸折成一个容器，在里面煮鸡蛋，怎么才能把鸡蛋煮熟，还不把纸烧坏？

（5）一个两岁小孩生了非常严重的病，被建议安乐死，但争议很大，你如何看待这一问题？

【电子科技大学强基计划面试真题参考】

（1）你对"寒门再难出贵子"有什么看法？

（2）一个店员销毁过期仅1天的面包（面包没毒），路上遇到了难民，该不该把面包给难民？现场有记者，该不该让记者报道？

（3）电子商务和实体经济对立吗？

（4）如何为所在的科研部门争取更多的科研经费？

【重庆大学强基计划面试真题参考】

（1）假如核战爆发，警察、医生、孕妇、小偷、小男孩、科学家、小说家、流行歌手，你会选择哪五个人进入防护罩逃生？

（2）你对重庆大学有什么深入的了解？

（3）你如何用你的生物学知识骗过校内的人脸识别签到系统？

（4）阐述对所学专业的认识以及未来的规划。

【西安交通大学强基计划面试真题参考】

（1）构建和谐社会依赖于个人素质还是社会秩序？

（2）请建立"天空"与"钟表"两个词汇之间的联系。

（3）有三个人共同做一个项目，花了相同的时间和精力，后来项目获奖了，但这三个人必须要分出一、二、三名，如果是你，你会选第几名？如果只有第一名可以得到保送资格，你又会有什么想法？

（4）你认为上大学的目的是什么？

【西北工业大学强基计划面试真题参考】

（1）你报考西北工业大学的优势在哪里？如果你没被录取会怎样？

（2）一个静止站立的人，除了身高、体重外，还可以向外界传达哪些物理信息？

【大连理工大学强基计划面试真题参考】

（1）有两位盲人，他们都各自买了两双黑袜子和两双白袜子，八双袜子的布质、大小完全相同，而每双袜子都有一张商标纸连着。两位盲人不小心将八双袜子混在一起。他们每人怎样才能取回黑袜子和白袜子各两双呢？

（2）甲、乙、丙三位同学被调查是否去过A、B、C三个城市，甲说：我去过的城市比乙多，但没去过B城市；乙说：我没去过C城市；丙说：我们三人去过同一城市。由此可判断乙去过哪个城市？

（3）温室效应是否与二氧化碳排放有关？如何证明？

【吉林大学强基计划面试真题参考】

（1）你的性格与兴趣和你所选吉林大学的专业相匹配吗？为什么？

（2）如果在《三国》中对应一个人物，你觉得自己是谁？

（3）举例证明你的学习潜力。

（4）在沙漠中如何给手提电脑供电？

（5）火车开车前为什么先退一步再前进？

【哈尔滨工业大学强基计划面试真题参考】

（1）一个人在沙漠里卖矿泉水，他有4200瓶水，骆驼一次能驮1050瓶水，需要走800公里路，每走一公里要消耗一瓶水，问最多能卖多少瓶水？

（2）植物为什么要开花结果？

（3）习近平总书记说："青年要立志做大事，不要立志做大官。"你如何看待这句话？

（4）谈谈你对暴力美学的看法。

【浙江大学强基计划面试真题参考】

（1）如何看待全球化和特朗普的"美国优先"政策？

（2）谈谈化学与化工的关系？

（3）你想当小池塘里的大鱼，还是大池塘里的小鱼？

（4）现在不仅有IQ（智商），EQ（情商），还有一种叫AQ（挫折商），就是指抗打击能力，你觉得你在这三个方面哪个更加突出？

（5）爱因斯坦和达尔文，谁对人类的贡献更大？

（6）假如你的生命只剩下两个小时，你会做点什么？

（7）诸子百家是指哪些？你最倾向于哪一家？

【兰州大学强基计划面试真题参考】

（1）请你谈谈白居易《长恨歌》的"长恨"怎么理解？

（2）阳光照到地上是黄色的，照在油膜上为什么是彩色的？

（3）油渍能够用塑料去除吗？

（4）如何看待雷锋及其事迹？

第五节　强基计划报考准备

强基计划的定义

强基计划主要选拔培养有志于服务国家重大战略需求且综合素质优秀或基础学科拔尖的学生。聚焦高端芯片与软件、智能科技、新材料、先进制造和国家安全等关键领域以及国家人才紧缺的人文社会科学领域。

强基计划由有关高校结合自身办学特色，合理安排招生专业。要突出基础学科的支撑引领作用，重点在数学、物理、化学、生物及历史、哲学、古文字学等相关专业招生。建立学科专业的动态调整机制，根据新形势要求和招生情况，适时调整强基计划招生专业。

参加强基计划的作用

强基计划非常适合基础学科成绩突出的优秀考生报考，这类学生如果单靠高考成绩也许无法考上这 39 所国家最高层次的大学，强基计划给予这类考生优惠的同时，达到建设国家的基础学科的目的，实现双赢。

同时强基计划定位在基础学科，重点在数学、物理、化学、生物及历史、哲学、古文字学等相关专业，且兼有本硕博连读培养模式，这对热爱基础学科的考生或是想走科研路线的考生来说是一个绝佳的机会。

强基计划的报考条件

从近年强基计划招生政策来看，强基计划主要招收两类学生：

第一类是高考成绩优异的考生；第二类是在相关学科领域具有突出才能和表现的考生。该类考生须在全国中学生学科奥林匹克竞赛全国决赛中获得数学、物理、化学、生物、信息学奥林匹克竞赛全国决赛二等奖及以上。

强基计划报考流程

3月底前，高校公布招生简章；

4月，考生网上报名；

6月，考生参加统一高考；

6月中旬，考生进行校测确认；

7月4日前，各省（区、市）提供高考成绩，高校确定参加考核的考生名单并组织考核；

高考提前批录取前，高校根据考生的高考成绩、高校综合考核结果及综合素质评价等折合成综合成绩，择优录取。

注：该流程根据往年强基计划报考情况整理，2024年实际报考流程以各高校当年发布的相关政策为准。

强基计划重点专业

强基计划主要在数学、物理、化学、生物、历史、哲学、汉语言文学（古文字学）等相关专业招生，部分学校开放信息与计算科学、基础医学、理论与应用力学、工程力学、核工程与核技术等专业。2022年北京航空航天大学新增飞行器动力工程专业，北京理工大学新增智能无人系统技术专业，西北工业大学新增航空航天类专业，东北大学新增自动化专业。2023年，兰州大学新增草业科学（草类植物生物育种）专业，哈尔滨工业大学新增复合材料与工程、飞行器制造工程、材料科学与工程3个专业。

强基计划录取方式

强基计划录取是在所有批次之前的。高校录取名单报各省级招办审核，办理录取手续。被正式录取的考生不再参加后续高考志愿录取；未被录取的考生可正常参加本省（区、市）后续各批次高考志愿录取。

强基计划校测内容

近年来，高校强基计划以考生综合成绩择优录取，校测成绩是综合成绩的重要部分。校测成绩约占综合成绩的 15%，所以有"入围看高考，录取看校测"的说法。

高校强基计划主要有笔试、面试两种考核形式，部分高校仅有面试。

考试时间集中安排在 1~2 天内进行。其中，获得五大学科竞赛银牌及以上奖项的考生可以通过强基计划破格入围报考，部分高校会在校测阶段给予破格入围考生一定优惠。

强基计划培养模式

强基计划不仅聚焦拔尖人才的选拔，更注重人才的培养。按照"一校一策"的原则，高校对通过强基计划录取的学生单独制定培养方案，单独编班，配备一流的师资和学习条件，实行导师制、小班化等培养方式，探索本硕博衔接培养模式。

强基计划报考注意事项

（1）限报 1 所高校。

有意报考强基计划的考生要及时关注各高校招生简章，了解报名时间、招生专业、报名条件等关键信息。强基计划限定每名考生只能报考一所高校，考生在报考前，要根据自身兴趣和特长，结合高校培养特点确定意向。

（2）考核：高考＋综合能力测试＋体育测试。

报考强基计划的考生，均要参加统一高考且成绩要达到相应要求。还要在 7 月初参加报考高校组织的考核，考核分为综合素质考核与体育测试两方面。综合素质考核，通常分为笔试、面试。如中山大学往年要求考生要按照所报专业参加笔试，笔试主要考查考生相关学科的基础知识、基础理论、基础能力。同时，学校组织专家进行分专业面试，着重考查考生发现问题和解决问题的能力、归纳演绎的思辨能力以及对科学研究的兴趣等，并结合考生综合素质档案，确定面试考核评分。面试采取专家、考生"双随机"抽签的方式，测试全程录音录像。不同高校体育测试考核项目略有不同，有些高校考核立定跳远和坐位体前屈，有些高校考核立定跳远或50米跑、仰卧起坐等，体育测试结果将作为录取的重要参考。考生参加统一高考和高校考核后，高校将考生的高考成绩、高校综合考核结果及综合素质评价情况等按比例合成考生综合成绩（其中高考成绩所占比例不得低于85%），根据考生填报志愿，按综合成绩由高到低顺序录取。录取考生的高考成绩原则上不得低于各省（自治区、直辖市）本科一批录取最低控制分数线（合并录取批次省份应单独划定相应分数线）。被高校强基计划录取的考生不再参加后续高考志愿录取；未被录取的考生可正常参加本省（自治区、直辖市）后续各批次高考志愿录取。

（3）注重兴趣和发展潜力，不宜短期突击应试，首先要确定目标学校。

家长和考生要正确看待强基计划，不要过于功利，要顺势而为。如果孩子对数学、物理、化学、信息学、生物及历史、哲学、古文字学等基础学科感兴趣，则建议报考。

第六节　强基计划和综合评价招生报考决策

强基计划和综合评价招生有以下几点区别：

1. 招生院校的区别

开展强基计划的招生院校是 39 所"985 工程"高校，高校层次较高；开展综合评价招生的院校包括"985 工程"高校、省属高校、中外合办高校，院校覆盖层次更广。

2. 招生范围的区别

强基计划的招生范围更广，是针对全国的考生；综合评价招生范围覆盖面还没那么广，但正逐步扩大。

3. 招生专业的区别

强基计划更加注重基础学科；综合评价招生未限定专业，有普通专业也有部分优势专业。

4. 初审依据的区别

强基计划的初审依据是考生的高考成绩。极少数在相关学科领域具有突出才能和表现的考生，有关高校可制定破格入围高校考核的条件和办法；综合评价招生的初审依据主要是考生的报名材料。

5. 考核时间的区别

强基计划的考核是在高考成绩发布后进行（复旦、上交、南大等 8 所高校是在成绩发布前），综合评价招生的考核是高考后进行。

6. 录取方式的区别

两者都是根据折算后的综合成绩择优录取，但是在成绩组成和占比上有所不同。强基计划中高考成绩不低于 85% 的权重，综合评价招生中高考成绩占比各校均有所不同，一般为"631"模式。具体以当年各高校的招生简章为准。

7. 录取批次的区别

强基计划安排在提前批次或是特殊类批次录取，各省略有不同；综合评价招生一般为提前批录取。

8. 培养模式的区别

通过强基计划录取的学生可单独编班，实行导师制、小班化等培养方式，探索建立本硕博衔接的培养模式；综合评价招生在培养模式上未做特殊安排。

9. 转专业的区别

通过强基计划入校学习后，原则上不得转专业，而综合评价招生暂未做特殊安排。

那么，强基计划和综合评价招生到底该怎么选择呢？

对于学习成绩优异，且对强基计划招生专业感兴趣的考生，建议强基计划和综合评价招生两者兼报，多一条升学途径，进入名校的概率更高。综合评价招生院校里，这类考生可关注中国科学院大学、浙江大学、复旦大学、上海交通大学等校，强基计划可报考清华大学、北京大学等校。

对于成绩中上等的考生，建议关注针对本省进行综合评价招生的"985工程""211工程"大学及南方科技大学、上海科技大学、北京外国语大学等校，同时也可关注同层次或者稍高层次的开展强基计划的院校。

针对山东省普通学生的综合评价招生院校，目前有山东科技大学、山东财经大学等山东省属院校，但只有山东省的考生才可以报考。

第七章

自荐信和研究性
学习材料

第一节　自我推荐信范例

自荐信范例 1

尊敬的哈尔滨工业大学（威海）综合评价招生办领导：

您好！我是山东省 ×××中学的应届毕业生 ×××，我希望通过贵校的综合评价招生实现我入读哈尔滨工业大学（威海）的梦想。

哈尔滨工业大学（威海）位列"双一流" A 类、"985 工程""211 工程"，入选"珠峰计划""2011计划""111 计划""卓越工程师教育培养计划"。学校历史悠久，文化底蕴深厚，教学资源丰富，学术氛围浓厚，为社会各界培养出很多的杰出人才。我诚挚地希望能在今年的盛夏，收到贵校的录取通知书，放飞理想的翅膀，进一步发展深造。

下面简单述说一下我的特长及取得的成果：

高中阶段，我积极参加国家、省、市级各类学科竞赛，获得全国创新英语大赛国家级三等奖；全国创新英语大赛华中赛区一等奖；"地球小博士"全国地理科普知识大赛全国一等奖。我的综合学习成绩优良，综合排名一直处在年级前列，尤其是英语单科成绩在年级排名前 5%。我相信，在我的勤奋、刻苦、坚持下，我的学业成绩将会继续攀升。

英语一直是我的专长。在高中阶段的英语学习中，我的英语成绩始终名列年级前 5%。我有脚踏实地的实干精神和独立钻研的创新能力，全国创新英语大赛的国家级三等奖和华中赛区一等奖是我英语学习能力的重要体现。另外，我文理全面发展，我的多科成绩可以排名年级前 5%，优异稳定的学业成绩，善于思考和探索的精神，让我有信心在外语学习方面有更好的发展。

在生活中，我热爱旅游，在以"了解丝绸之路"为主题的研学中我感知了曹丕《芙蓉池作诗》中"丹霞夹明月，华星出云河"的丹霞地貌，它的色彩斑斓，气势磅礴，让我对它的成因及发展产生了浓厚的兴趣。也因为对丹霞地貌的深入了解及研究，我获得了"地球小博士"全国地理科普知识大赛国家级一等奖，这是我在学术领域自主研究中迈出的第一步。

在学校，我热爱班集体，在参加运动会、元旦联欢会、校歌咏比赛等集体活动时，我全程奔忙为同学们摄影，熬夜处理图片，当同学们看到最终的作品并一致称赞时，我的内心充满了快乐。我还参加了学校组织的外语文化艺术节活动，在集体排练中感知到团结协作的重要。

文理兼修、全面发展的我有无尽的潜力等待挖掘，迎接挑战。恳请老师给我参加综合评价招生的机会，给我进入哈工大（威海）学习的机会。如果能够进入哈工大（威海），×××专业是我的首选。我定将努力上进，用吾所学，回报社会与祖国。希望哈工大（威海）能够成为我人生成长的催化剂，成为我人生理想的支点，成为我又一个梦想起航的地方，使我十年磨一剑之后再添梅香四溢，沁人心脾。

尊敬的哈工大（威海）招生办领导，再次感谢您阅读我的自荐信，我对哈工大（威海）充满憧憬，我会继续努力学习，提高成绩，也希望贵校给我一次参加综合评价招生的机会，实现我的梦想。如果我的申请未被通过，我会认真地找出自己的不足并虚心改正，努力在高考中考出理想的成绩，步入哈工大（威海）的校园。

　　此致

敬礼

×××

20××年×月×日

自荐信范例 2

尊敬的山东财经大学招生办领导：

您好！我是山东省××市第一中学的高三学生×××，非常感谢您在百忙之中审阅我的个人陈述，希望能得到您的了解和垂青。

我从小的志向就是成为一名经济学家或银行家，而山东财经大学作为著名的财经高校，一直是我追梦财经蓝海、奉献祖国社会的理想目标，入读财经专业始终是我矢志不渝的人生梦想起点。

我有非常坚定的学习财经类专业的决心、毅力和勇气。财经知识之于现代社会，就像血液之于人体，无论是对个人还是对企业、国家都是必不可少甚至说是至关重要的。世界上的历次金融危机，对很多国家经济社会的发展造成了巨大的破坏。而我们国家推行的稳健的货币政策，就避免了近几次金融危机的冲击，奠定了我们国家发展成为世界第二大经济体的坚实基础。作为新时代的有为青年，只有坚定地把实现自己的人生价值，融入中华民族伟大复兴的中国梦中，用我所学服务社会奉献国家，我们的人生才无愧于父母，无愧于祖国，无愧于时代。

我的性格阳光开朗，富有爱心、同情心和感恩心，团结友爱，乐于助人，与同学和老师的关系和谐融洽。十二年的学习生涯，使我养成了做事认真负责，严谨细心周密，有始有终，讲究规矩，条理分明的习惯。高中三年的学习，使我对数学和物理产生了浓厚的兴趣，高一和高二时，我参加了一年多的数学奥赛训练，对数学知识和计算比较感兴趣。因此，具有严谨逻辑思维特点的财经类专业非常适合我的性格，也是我从小到大的职业理想。

自幼父母就以"修身、齐家、治国、平天下"教导我，这与山财大"克明峻德，格物致知"的校训一脉相承，都秉承了"立德、治学、做人"和"做事先做人，做人德为先"的精要。如果在这样一种办学理念和办学宗旨的学术氛围里追求人生理想，我相信就如同在自己的家里一样如沐春风，如鱼得水。如有幸被贵校录取，我定当天高任鸟飞，海阔凭鱼跃，不负韶华。我将珍惜贵校给我的宝贵学习机会，学习一切财经类的相关专业知识，修德进业，让自己成为专业精湛、能力过硬、综合素质优秀的财大学子，做一个对社会奉献，对国家有用，为贵校增光添彩的栋梁之材，早日实现自己的人生价值。为此，我必将付出百倍努力，望贵校给我一个梦想的拥抱，您给我机会，我还您惊喜！

　　此致
敬礼

×××
20××年×月×日

自荐信范例 3

尊敬的南方科技大学招生办老师：

　　您好！

　　"韶华不为少年留，勤为天道酬。"正如高三的教室后墙上张贴着的这句我所想出的励志名言一般，它时刻激励着班上的同学与我。我，×××，×××中学高三的一名学生，就读文科。

我是平凡的，因为我同所有人一样是一个矛盾融合体；但我又坚信自己是不凡的，因为我定将成为一个发光体。金子到哪里都会发光，而我选择的是贵校这样一座炼金炉。

河，孕育文明；海，凝聚智慧。我愿像河般，为梦想奔腾向前永不止息；像海般容纳百川，有容乃大。"上善若水。水善利万物而不争，处众人之所恶，故几于道。居善地，心善渊，与善仁，言善信，政善治，事善能，动善时。夫唯不争，故无尤。"善的最高境界，大致在于此乎。像水般，往低处流，却能容纳百川；而在人生的攀登中，往高处走时，当不胜寒时，不忘想想水的谦虚，以一种包容一切的姿态，以柔化刚，包容万物，这种"柔"，使我自己的心境变得平和，要像水那样，无形胜有形，不断地改变，塑造自己，趋于完美。

"宠辱不惊，闲看庭前花开花落；去留无意，漫随天外云卷云舒"的同时，我本着湖湘学派"经世致用"的原则，志当存高远。如果说周总理是"为中华之崛起而读书"，那我便愿为"中国之强盛而读书"。学无止境，人生本是一个不断学习的过程。在六年的学习委员一职的任职过程中，除了学习课本知识，我的右手可以写出一手漂亮的毛笔字。因为字正，一笔一画地写，心才会正。我的左手，能奏出美妙的小提琴乐章，这不仅开发了我的右脑，更使我思维敏捷。那些曼妙的音符，不仅是人类对美好的向往，更是与大自然的交流，让人不知不觉间安静下来。

人生的旅途中，读书万卷：我醉心于宝黛间的痴缠；徜徉于《傲慢与偏见》里伊丽莎白奇妙的心海中；感叹于李白"我辈岂是蓬蒿人"的豪迈；与杜甫"安得广厦千万间，大庇天下寒士俱欢颜"一起忧国忧民；与易安居士一起看"雨疏风骤，绿肥红瘦"。在文字的海洋中，我愿成那一滴水，一尾鱼，见证着它的悲喜。

我同样愿行万里路，沿途的风景，丰盈着自己的人生，懂得取与舍，让人生的阅历更加丰富。我这样的游子，在阅过17年风景后，选择了南方科技大学作为圆梦的地方。

我喜欢奔跑的感觉，起跑线比终点更加美好，体味那为理想拼搏的过程。十年磨一剑，剑出鞘，一鸣惊人，渴望有朝一日能踏入理想的殿堂深造。

我，静如处子，动若脱兔，愿意跟书对话。"书山有路勤为径"，运用正确的学习方法，在无涯的学海中"直挂云帆济沧海"，正确地驾驶着学习之舟，虽然途中有风浪，但坚持驶向目的地——南方科技大学。我，崇尚独立，常独立思考探寻人生真谛，遇事冷静自若，却又让理性成为我织梦的梭，让勤奋成为我筑梦的桥。理智与热情，诚信与好学，成为划向南科大的桨，只为到那里，为自己编织另一个梦，造福家乡、祖国和人民。在见证南科大辉煌的同时，与南科大一起创造下一个辉煌。

我愿逆风行舟，驶向南科大，不惧艰辛。

我愿逆风，只为寻南科大一梦，不辞劳苦。

此致

敬礼

×××

20×× 年 × 月 × 日

自荐信范例4

尊敬的南方科技大学招生办老师：

我叫 ×××，男，汉族，20×× 年 × 月 × 日出生，为 × 市 × 中高三 × 班 20×× 年应届毕业生，已参加高考。

我的父母少年离家，均是经过自身刻苦努力做到了事业有成。我的父亲坚持常年无偿献血，我的母亲孝敬公婆，他们都是我人生的导师。在他们身上，我学到了善良乐观、正直果敢、勤奋实干等做人的基本品德。美满和睦的家庭和积极向上的生活环境，造就了我性格开朗、诚实热情、认真负责的性格特点。

刚刚经历的高考，标志着我人生一个阶段的结束。子在川上曰："逝者如斯夫！不舍昼夜。"六年小学、六年初高中，曾经的幼小无知、曾经的年少轻狂，如过眼烟云在不知不觉中离我而去。作为一个热切盼望着长大、"为赋新词强说愁"的少年，也曾经历过通宵关在自己的房间内偷偷玩网络游戏、大考在即还顶着烈日在午休时间腾跃在篮球场上、厌烦父母的关注与唠叨、揣测并怀恨于老师的不公与说教，桀骜不驯、彷徨感性、不愿妥协等等同龄人所共有的一切，在我的身上都有着全面的体现。多么美好的少年时光，哪怕有着不为人知的困惑、偏执的激愤与莫名的忧伤……青春期的成长恰如种子萌芽、春蚕破茧、雏鹰冲天……唯有历练才能教会我正确对待未来人生的一切，哪怕这个过程并不符合人们的期望与指引——也许在前人走过的地方我会再次摔倒，也许我的遭遇还是证明了那个被预言了的结果。但我的人生毕竟不能被人为地复制，我的梦想在远方，十八岁的少年必将背起行囊去远行……

我不具备天才的禀赋与资质，但却能够明辨是非、区分善恶；学习也曾死记硬背，但脑海中并不缺少各种美妙的幻想；于细微处见品德，我的一些热心之举也曾深深地打动人心。我多次参加过红十字会组织的公益活动、主动为老弱让座、为父母分担家务、帮老师跑腿打杂，是一个尊重师长、孝敬父母、团结同学的好孩子。

自小学到高中，我都在市内的重点学校就读。优质的教学条件、良好的学习环境、强大的师资力量，造就了很多拔尖的校友。但我却总在班级十名左右徘徊，最好的成绩是考入班级前三。我也曾咬牙图强却不能始终如一，也曾放任自我却又患得患失。但我也有一颗舍我其谁的雄心。跑道上我是班上的"刘翔"，球场上我是同学们眼中的"科比"与"梅西"。身高 1.83 米，曾获"校草"雅号。各科学习成绩均衡，擅长理化。我最为推崇的电影是《肖申克的救赎》和《当幸福来敲门》，我感动于两位主人公人性的光辉以及历经磨难却百折不挠、希望永在的精神。"江东子弟多才俊，卷土重来未可知""虽无飞，飞必冲天；虽无鸣，鸣必惊人。"在人生的又一个新起点上，我会认真起跑并加速，努力做到成就自我，做一个有益于社会、贡献于国家、回报于父母的有为青年。

"师者，所以传道授业解惑也。"于我自身而言，到底是一枚无力补天的顽石，还是一颗未经研磨的璞玉，尚需智者的慧眼独具和匠者的精心雕琢。在父母的引荐下，我对立志于培养创新型人才、以"教授治学、学术自治"为理念的南方科技大学心驰而神往。

作为一方中国教育改革的试验田，由朱清时校长率领的一批有志学者，富有理想、敢立潮头、以"建设亚洲一流大学"为己任，虽非少年，恰似少年，在深圳这个中国改革开放的最前沿城市振臂一呼，打动了莘莘学子的雄心与壮志。多么希望创业艰辛的南科大在未来的日子里能与享誉全球的中外名校相比肩，并由此点燃中国教育改革发展的星星之火，实现千万少年"为中华之崛起而读书"的伟大理想。

"少年强则国强"，祖国的未来在教育。对于目前的中国教育模式也许我没有什么发言权，但我却被朱校长的一腔热血所深深感染。改革需要有勇气的先行者，但更需要有共同理想、身心践行的同行者和追随者。我妈妈爱唱的一首歌歌词、旋律都十分优美："将军拔剑南天起，我愿做长风绕战旗。"我愿把这首歌献给有志青年的梦想之地和景仰之师——南方科技大学以及尊敬的朱清时校长和他的同事们。

尊敬的招生办老师，请给予我展示自我、实现人生梦想的机会，请允许我参与到中国教育改革的伟大实验中，请帮助我考入南方科技大学。

此致

敬礼

×××

20××年×月×日

自荐信范例5

尊敬的上海科技大学招生办领导：

您好，我叫××，是山东省日照市××中学的一名高三学生。贵校综合评价招生的机会让我感觉离梦想更近一步，下面我将一个真实、肯学、阳光又富有爱心的我呈现给大家，希望能够得到贵校的肯定。

上海科技大学是一所青春蓬勃的大学，坐落在现代化的大都市上海，凝聚着先进的科技实力和强烈的时代气息，具有一支国际化高水平的师资队伍，是一所科教交融、产教交融的研究型和创新型大学，是我从高一开始就梦寐以求的理想高校。中考时我以优异的成绩考入了××中学，母校严谨的学风塑造了我朴实、稳重的学习态度，高中阶段的努力拼搏更是让我的成绩一直稳居班级前列，并荣获2021年度"全国中学生数理化科普竞赛——物理竞赛"全国一等奖、2021年全国中学生英语能力竞赛（NEPCS）高三年级组全国一等奖、第35届全国中学生物理竞赛预赛山东省一等奖、2020年山东省中学生生物联赛三等奖等多个奖项。

开朗、自信的我兴趣广泛，对生活充满热爱。感谢父母为我创造了良好的学习和生活环境，自幼让我学习围棋、英语、写作，培养我的语言能力和创新思维；我热爱体育运动，多次在校体育竞赛中取得银牌佳绩；我热爱公益，暑假期间曾参加日照市残联12385残疾人服务热线公益服务活动，这培养了我的合作能力和公益精神；高中三年我一直担任班长，积极配合老师工作，将班级管理得井井有条，多次被评为优秀班干部和三好学生，这让我学会了处理班级工作和个人学习的关系，提升了自己的沟通能力和自我管理能力，使自己更加全面发展。

作为一名理科生，我对数理化有着本能的好奇心和求知欲，拆装家用电器等更是我闲暇时的乐趣所在。贵校的电子信息工程、计算机科学与技术、物理学等专业所涉及的理科知识都是我喜欢研究的对象。同时，在化学的科目学习上，我也有非凡的兴趣。诚如哲学家培根所说——知识是一种快乐，而好奇则是知识的萌芽。我相信以我对该专业的浓厚兴趣和坚实的数理基础及高效的学习能力，一定会在该专业领域取得优秀的成绩。

如果有幸被上海科技大学录取，在具有国际化高水平的研究型大学里深入学习理工科专业，我将荣幸之至。我将铭记上科大"立志、成才、报国、裕民"的校训，立志高远，立足平时，全力以赴发挥自己的理科特长，好好进德修业，努力做到知行合一，学以致用，为共筑中国梦贡献自己的价值和力量。恳请贵校领导能够接受我的申请，助我实现理想。您给我机会，我还予惊喜！

　　此致

敬礼

×××

20××年×月×日

第二节 研究性学习选题及材料撰写

研究性学习选题的选择与确立

1. 寻找选题

研究性学习的选题可以来自学术文章、座谈会、新闻报道、社会热点等，也可以来自同学们个人生活中、校园中、社会中能引起大家关注的内容。同学们可以从以下方面入手寻找选题：

（1）从生活体验入手。作为社会的一个成员，每个同学都生活在五彩斑斓的家庭、学校、社会生活中，都有各自的经历、兴趣、爱好和特长，可以从自身生活、学习、实践中提炼出研究的问题。

（2）从电视、书籍、网络媒体上寻找能引起你兴趣的事件、社会热点等进行研究。

（3）可通过听讲座、参观访问、参与实践活动等，在体验中提出主题。例如开发区考察、消防实践、通用技术实习等，通过调查、观察、测量、实验、查阅资料等进行研究。

（4）在学科学习中发现问题，提出课题进行研究。例如，李白与杜甫的诗歌在写作特点上有何不同？数学的某种运算方法是否可以改变？

2. 确立课题

中学生所进行的研究性学习，不是所有的问题都能作为研究题目，往往受到时间、空间、精力、设备等许多因素的制约。面对众多的问题，究竟确定哪一个作为研究题目呢？这就必须慎重考虑，加以选择。

为了提高自己的选题能力，同学们还应做到：

（1）要关注生活，把所学的知识与日常生活结合起来。

（2）要养成问题意识，凡事多问"为什么"。

（3）培养自己的创新思维能力、运用知识的能力和科学思维方法，提高自己的研究能力。

研究性学习选题的一般原则：

（1）选题有意义。选择有意义的课题，是选题的首要原则，无意义或意义不大的课题就应当放弃。

（2）符合自身的需要。研究性学习不一定要像科学家、专家那样需要解决重大问题，中学的"课题"与科学家、专家的课题存在着差距，所以同学们应从自身的兴趣、爱好、能力方面去选择课题。

（3）具有研究的可行性。课题研究需要一定的物质条件（财力、物力、时间等）和研究能力（认知水平、能力等），组员的课外知识、电脑操作的熟练程度、社交能力等，都是选题必须考虑的因素。

（4）宜选小课题。宜选择规模小、周期短、便于获取信息资料的小课题，因为大课题涉及的规模大、因素多、周期长，学生难以完成研究任务。

撰写研究性学习报告的有效方法

1. 层级分明

由于需要录入在系统中，因此全文结构和层次的重要性就大大提高了。

一般来说，文章可以按以下结构来写，尽量采用小标题的形式突出重点。

（1）研究背景

简单介绍为什么要做这个课题，是为了解决什么问题。

如果是针对现实问题的，说明是源于什么社会现象；如果是做学科性研究的，介绍一下这个课题的价值和作用；如果是科学类的研究，就介绍科学原理；如果是文学艺术类研究，说明选取了哪些文艺作品，分别是什么版本；如果是社会问题类的研究，阐述已有的、公认的理论模型。

（2）实践方法和过程

这是学习报告最主要的内容，也是评审专家们重点关注的部分。同学们要根据不同的研究内容，来采取不同的实践方法和过程。

科学类研究：要具体说明操作步骤，每个操作都会产生什么现象。建议用（1）（2）这种小标题的形式，使流程看上去更为清晰易懂。

文艺类研究：说明从哪些角度对文艺作品进行分析，好文章好在哪，是角度好还是文采好；作品引起了什么反响，历史上有哪些权威人士给予评价。

社会问题类研究：介绍用了什么调查方法，分别从什么渠道查阅了哪些文献；有做调查问卷的话简述问卷的内容；有没有进行访谈，主要内容是什么等等。

（3）研究结果

简单说明研究结果。

这部分只要一两句话，阐述研究取得的成果即可。

（4）研究结论和反思

这部分内容可以集中体现学生的思想深度和综合素质，一般不超过200字，所以务必要字字斟酌。

大致可以分为以下两部分：

一是对研究的总结。

完整概括研究得出的结论，是证明了某个科学原理，还是发现了某个社会现象背后的原因？要记得呼应前文写的研究背景。

二是展望与思考。

任何一项研究都应该为解决实际问题而服务，所以千万不要局限于研究本身，需要适当拔高一下立意。但要记住把握分寸，联系时事要自然，可千万不要扯到"维护世界和平"这类过于宏大的事情上。

2. 内容规范

既然是研究性学习报告，内容严谨、规范是必须的。这不仅体现了学生的学习态度，也能从侧面反映学生思考问题的严密性和逻辑性。

通常来说，在内容规范上有以下几点注意事项：

（1）名词统一

研究性报告中会出现不少专业术语或者人名地名。有的时候由于历史或翻译的原因，同一个词会有几种通用的表达方式，但是在一篇文章中，务必要做到前后一致。

（2）符号规范

在研究性报告中，可能会用到的符号有两类：一是单位名称；二是英语缩写。

单位名称：首先要确定用中文还是用英文，比如是"摩尔"还是"mol"，通常理科类建议用英文。其次是表述统一，比如"千米"和"公里"，英语注意大小写，原则上每种单位确定一种形式，全文统一。

英语缩写：标准的做法是首次出现时用中文全称，括号内注明英语全名和缩写，如"亚太经济合作组织（Asia-Pacific Economic Cooperation，APEC）"，后文再提到的时候，只需直接写"APEC"即可。有些大家已经普遍接受的词，如APP、G20等可以不写全名，但要注意全文大小写统一。

（3）体例一致

上文提过，可以多采用小标题的形式，但是要注意的是层次不能乱。

一般来说，层次的级别是"一、"＞"（一）"＞"1."＞"（1）"＞"①"，一篇小报告中不要超过 3 个层级。层次之间要一一对应，不能越级。

看完这些介绍，你可能会感叹："这么复杂，有必要吗？学校老师也没这么多要求啊！"

没错，对高中生来说，一般只要完成课题都是可以通过的。但是请务必记住，参加综合评价招生面试时，看考生材料的，都是来自顶尖大学的教授们，是中国最具有知识和智慧的人群。他们平时阅读的都是严谨的学术论文，接触的都是高知和学者。他们在看考生写的报告时，会不自觉地拿学术论文的要求来评判你的规范性，起码是用大学生的思维水平来衡量考生。

所以，考生应当好好打磨这份报告。

研究性学习报告的写作要领

课题名称		指导教师	
班级学科			
负责人	学生姓名		
其他成员	个人独立完成		
一、研究背景			
简单介绍为什么要做这个课题，是为了解决什么问题。如果是针对现实问题的，说明是源于什么社会现象；如果是做学科性研究的，介绍一下这个课题的价值和作用。			
二、研究目的与意义			
本部分写作技巧可以从下面几方面着手：首先，要说明是如何发现问题的，即该研究的研究背景是什么，是根据什么、受什么启发而开展这项研究，一般可以从有关国家政策及国内外关注的问题出发来提出研究问题；其次，要说明该选题在理论上的创新性，主要通过分析			

（续表）

国内外研究的现状，来指出自己选题与各个主流观点的研究前提的差异性，从而突出自己选题在理论上的创新性;最后，要说明研究这个问题的现实意义，这需要对所研究问题的实际用处有所了解，对于大多数选题来说，一个重要的现实意义就是给政策制定者提供政策参考。

三、研究内容

课题研究内容主要包括介绍课题研究对象、总体框架、重点、难点、主要目标等，能一目了然地了解学生的研究成果，不仅仅是从该项研究的重要性、必要性方面，更重要的是从研究所能达到的学术水平上去理解、认同该项课题的价值。总的来说，要对课题中的问题提出独到见解。

四、研究方法

运用比较广泛的是文献法、调查法、实验法、行动研究法、访谈法等。

五、研究计划（各阶段均需注明时间段、主要活动）

主要是按照选择课题的时间，搜集资料的时间，研究学习的时间，撰写报告的时间等步骤来写计划，主要遵循以下几点：

1.研究计划必须遵循相应的科学方法的要求。

2.课题研究计划要合乎客观实际情况，具有可行性。

3.课题研究计划的操作性要强。

4.课题研究计划要具有系统性。

六、预期成果及表现形式（研究的最终成果以什么样的形式展现出来，是论文、实验报告、实物、网站还是其他形式）

预期成果指的是学生在开始课题之前预想的研究成果，表现形式主要是指研究性学习报告。

七、资源准备（如所需图书、设备、经费预算等）

课题研究所需要的资料，如电脑，相关书籍，笔记等等。

（续表）

八、论文结题
研究结果、分析、建议、研究过程中的收获与体会。（可打印出来粘贴，附页）
九、评价
学生自我评价对于课题研究的感想感受。

社会实践与研究性学习

1. 社会实践与社区服务时长

山东省综合评价招生要求学生高中阶段参加不少于 10 个工作日的社区服务和 1 周的社会实践，并完成 15 个学分的研究性学习（学分由所在高中学校认定）。

需要注意的是，实践和服务时长是指整个高中阶段相加，不是一次服务或实践的时长。

2. 社会实践与研究性学习报告的选题

学生根据自己将要选择的专业方向，设计与专业方向相关的实践内容和课题方向。

3. 社会实践与研究性学习报告的形成

（1）一定要让考生亲自去参与，可以由家长或辅导老师辅导。如果全由家长代劳，"纸上得来终觉浅"，将来参加综合评价招生要面试，高校专家评委会对材料的真实性进行评审！

（2）学校如果要求提交山东省教育公共服务平台上的社会实践和研究性学习表格，要注意尽量电子档打印，再盖章。学校审核后上传。该表格中，实践单位的指导意见可以手写，保证材料的规范性。

（3）除了学校要求提交的表格之外，还需要完成翔实的社会实践报告和研究性学习报告，这些资料需要在参加综合评价招生报名时提交。

（4）研究性学习可以在相关专业的社会实践基础上形成，也可以按照学校统一组织的课题去做。社会实践重在实践过程，研究性学习是社会实践的成果展示，要有相关研究成果和体会。

（5）研究性学习报告要盖学校公章，社会实践和社区服务要有学校盖章和实践单位盖章。

（6）社会实践重在学生参与实践的过程、体验与心得，研究性学习重在对某个领域知识或现象的针对性研究。请家长和同学注意区分。

4. 社会实践与研究性学习报告的撰写

（1）报告要有明确的目的、过程和收获，要有自己的心得体会。

（2）过程描述忌流水账，要分好段落。

（3）可以查阅资料、文献。建议查阅图书或在官方网站搜索，在报告最后标明引用处。

（4）要有论据，阐述观点时可列举相关数据。

（5）一定要杜绝错别字和错误的标点符号。

（6）一定要组织自己的语言，切忌大段地从网上复制粘贴。高校初审会用专业查重软件进行查询，一篇论文的重复率控制在 10% 以内。

5. 实践单位的选择

（1）根据学生的社会资源，结合专业方向，来选择实践单位。

（2）不一定要选择高大上的实践单位，要根据实际情况来，能让学生带着实践目的亲自参与进去，体现与专业方向有关联性即可。

（3）如果实践单位没有相应的人脉关系，也可以直接联系，说明来意后一般的实践单位都是欢迎同学们过去的。

（4）为保证社会实践的安全性，实践单位最好由家长在当地负责联系。

6. 材料保存

请务必妥善保存好材料的纸质报告、电子文档、活动照片等原始材料。

7. 沟通

遇到专业方向、实践单位的选择、题目的设计、活动的过程、报告的撰写等方面的问题都可以随时和所在学校的老师联系沟通。

第三节　研究性学习报告范例

研究性学习报告范例 1

对停车场自动识别系统的研究性学习报告
山东省 ×× 市第一高级中学 ×××

随着社会的进步和人们生活水平的提高，私家车越来越多，停车难的问题已经成为当今城市的一大难题。在生活中，我每次随家人外出时都会遇到停车难题，周末去超市经常是进去之后，转几圈才找到车位，有时停车场入口明明显示有空余车位，进去之后就是找不到空车位，只能再把车开到别的地方停车，我留意过很多停车场，大多都是这样。一次偶然的机会，听说 ×× 区有个小的停车场使用了一套更为先进的停车管理系统，参观了这套停车场自动识别系统后，让我对它的识别机制产生了浓厚的兴趣，经过多方联系，我终于与生产这套停车管理系统的技术公司取得了联系，并向公司技术人员了解和学习了这套系统的原理，让我对此有了全新的认识。

一、研究目的
研究串并联智慧停车系统。

二、研究过程
首先，我通过上网查询资料以及找相关停车场人员交谈的方法，了解了停车场的发展历程：老式的停车场管理系统需要先取卡或取票，也就是进入停车场前，先停车取卡，多数司机在取卡或票时，需停车，把手臂伸出车外，有时取卡时，脚上的刹车会放松，导致安全事故的发生；后来发展到不需要取卡，在停车场入口处可以智能识别车牌，在出口缴费时才需停一次车进行缴费，比取卡缴费减少了一次停车；再发展到后来出现了智慧停车系统，也就是今天我要参观的停车场使用的串并联智慧停车系统。

×月×日，我和家人一起来到××市串并联电子科技有限公司参观了位于××区的串并联智慧停车场。这个停车场使用的停车位识别系统是由这家本地的新型科学技术公司开发并取得了相关的专利成果。通过现场参观、询问相关技术人员、上网查询资料等方式，我简单了解了该项目的工作原理以及所需的信息技术。

它的主要原理分为四个部分：

第一部分：解决现场车位监测。通过现场布置摄像头，不间断地提取视频图像，并对图像中车位对应的位置进行确认，确定各车位在图像中的具体位置，通过机器自动学习来识别车位，并确认是否空位。

第二部分：解决现场车辆监测。通过机器对图像识别，能够识别出车辆和非车辆物体。

第三部分：确定具体的车位使用情况。通过前两步可以确定每个车位是否被使用，然后通过机器汇总。

第四部分：技术人员开发程序将车位使用情况数据发到网络，软件人员将取得的信息通过微信小程序进行发布并授权给停车场管理和使用人员。

通过和技术人员交谈询问，我了解到××市串并联电子科技有限公司技术人员通过云计算、物联网、大数据以及人工智能等新一代信息技术研发了"串并联智慧停车系统"。这个系统利用了几个联网的摄像头以及云计算等信息技术，实现了对停车场车位情况的实时监控，方便了管理人员对停车场的监管，节约了人们停车时找车位的时间。

"串并联智慧停车系统"利用摄像头拍得的画面与所存画面进行对比，利用云计算进行大数据分析，如果所拍的画面与数据库中图像有超过20%的差别，人工智能系统将自动判断该车位被占用，否则未被占用，并且实时将判断结果传输到网络上，以便用户泊车及管理人员的监管。并且，用户可以利用小程序或APP进行车位查询，程序也会自动帮助用户找到空车位，并自动规划出最短路径以实现节省时间、节约油耗的目的。

三、感悟

虽然我对这个系统以及技术理解得不是很深入，但是通过此次参观学习，我了解了"串并联智慧停车系统"对解决停车难等问题的积极意义，我意识到云计算、物联网、人工智能等新一代信息技术对未来社会发展的重要意义，激发了我对信息技术等方面的强烈的兴趣，坚定了我的学习目标。

企业利润与健康财务要素探究

山东省 × × 市第一中学 × × ×

研究课题：

根据企业利润的组成部分，一个健康企业的财务工作应该具备哪些基本要素。

小组组长：× × ×

小组成员：× × ×　　× ×

指导老师：× × ×

研究方法及步骤：

1. 上网查阅信息，查阅财务方面的书籍。

2. 资料汇总并进行筛选，选取最有用的信息。

3. 对信息进行整理，撰写报告。

研究目的：

利润是企业分配的对象，是经营成果的综合反映，通过企业利润的组成部分和盈利能力，可有效评价企业的整体运营和发展能力。根据企业利润的组成部分，一个健康企业的财务工作应该具备哪些基本要素，我们对此进行了调查研究。

调查报告：

这个调查报告的主要结构是：先介绍企业利润的组成部分，再说明财务工作人员应该具备哪些基本素质，最终结合这两部分，得出最后的结论。

1. 企业利润的组成部分

利润是指企业在一定期间的经营成果，是企业的收入减去有关的成本费用后的差额。收入大于相关的成本与费用，则企业盈利；收入小于相关的成本与费用，则企业亏损。

根据我国《企业会计准则》规定，企业的利润一般分为营业利润、利润总额和净利润。

利润的计算公式如下：

营业利润 = 营业收入 - 营业成本 - 营业税金及附加 - 销售费用 - 管理费用 - 财务费用 - 资产减

值损失 + 公允价值变动收益 + 投资收益

利润总额 = 营业利润 + 营业外收入 - 营业外支出

净利润 = 利润总额 - 所得税费用

注:

（1）营业收入是指企业经营业务所确认的收入总额，包括主营业务收入和其他业务收入。

（2）营业成本是指企业经营业务所发生的实际成本总额，包括主营业务成本和其他业务成本。资产减值损失是指企业计提各项资产减值准备所形成的损失。

（3）公允价值变动收益（或损失）是指企业交易性金融资产等公允价值变动形成的应计入当期损益的利得（或损失）。

（4）投资收益（或损失）是指企业以各种方式对外投资所取得的收益（或损失）。

（5）营业外收入是指企业发生的与其日常活动无直接关系的各项利得。

（6）营业外支出是指企业发生的与其日常活动无直接关系的各项损失。

2. 企业财务工作人员应该具备的基本素质

财务工作是企业管理的重要组成部分，有效的财务工作不仅对企业管理具有极大促进作用，同时还能通过直接或间接的方式，为企业创造真正的利润。财务人员应该具备以下基本素质和基本能力：

（1）具备独立的思想，财务独立，坚守会计准则，坚守税法、会计法，"诚信为本，操守为重，坚持准则，不做假账"。

（2）具有对企业长远规划的高瞻远瞩，对企业的管理有一定的高度，根据企业市场销售做出财务预测和决策。

（3）对会计法和税法有系统的认识，对相关的管理人员有管理和督导的作用，成为一个团队的带头人。

（4）有良好的沟通能力和理解能力，团结一致向前看，把内部消耗降到最低点。

（5）有良好的心理素质和较高的情商，控制管理自我，控制管理企业，了解人性，了解同事，了解领导。

（6）在企业的资源配置下，做好计划、组织、控制、协调、监督的工作，把企业的系统打造成一个永动机，并不断地提出新的观点和要求。

3.财务工作如何为企业创造利润

财务工作以资产运作和价值管理作为其管理对象。可以说它是企业各种职能管理中处于核心地位的最重要的模块，比其他模块更直接与企业本质相关。财务工作如何为企业创造利润，总体分为以下三个方面：

（1）加强货币资金的有效管理，提高资金收益。

财务工作着力加强流动资金管理，通过有效的资金预算，挖掘资金的最大时间价值，按照安全性、流动性、盈利性的原则，为公司获取资金收益。

（2）优化筹融资方案，降低财务费用。

财务管理部门根据企业资金需求规模、时限和经营活动特点，选择设计最有利的筹融资方案，在保证企业资金需求的同时，实现财务成本最小化，以增加企业利润。

（3）通过税收筹划，实现合理避税。

税收在企业经营收入中占有较高的比例，如能通过经营结构和交易活动的合理安排，对纳税方案进行优化选择，以减轻纳税负担，从企业角度而言相当于增加利润。

通过这次研究学习，我明白了企业财务的工作就是为企业提供利润服务，财务工作不仅为公司创造利润提供服务，还能通过自身财务活动直接创造利润。企业的本质是人的集合，企业的这种本质，决定了财务工作在企业经营中占有十分重要的地位。

参考文献：

《企业会计准则》

《基础会计》

《公司法》